속속들이 파헤치는 영어 이야기

영어의 궁금증을 시원하게 풀어주는 최초의 영어사

홋타 류이치 저 | 최경애 역

신아사

이 역서는 2018년도 목원대학교 연구년 지원에 의하여 출판되었음.

머리말

모국어 이외의 언어를 학습하는 과정은 의문과 발견, 그리고 놀라움의 연속이다. 많은 사람들이 국제어로서의 영어를 습득하고자 매일 학습에 열중하고 있고, 그 학습 방법은 단어나 예문을 암기하는 것으로부터 속독이나 다독에 이르기까지 다양한데, 학습 시에 종종 떠오르는 소박한 의문이나 그 배후에 있는 언어에 대한 순수한 호기심에는 충분한 관심을 기울이지 않는다. 습득이 최종 목표이므로(사실 그 자체는 목적이 아니라 수단인데) 대개는 그 과정에서 생기는 의구심을 해결하려는 여유가 없을 것이다.

그런 의구심은 지적 호기심에서 생겨나는 것이며, 교양을 갖추기 위한 자료로서 무엇보다도 존중되어야 마땅하지만, 막상 떠오르는 의문에 대한 답을 알고 싶다고 생각해도 무엇을 어떻게 조사해야 되는지도 모르고, 곁에서 답해줄 수 있는 사람도 없는 경우가 많다. 학습 과정에서 모처럼 떠오른 무수한 성장의 씨앗이 비옥한 땅에 떨어지지 못하고 말라 죽어버리는 것이다.

왜 부정관사는 a와 an의 구분이 있는 것일까? 왜 3인칭 단수 현재를 표시하는 -s 같은 것이 존재하는 것일까? 왜 가정법에서는 현재의 일을 과거형으로 표현할까? 왜 미국영어와 영국영어가 서로 다를까? 여러 가지 의문들이 생겨날 것인데, 이런 의문에 지나치게 사로잡히다 보면 언어 학습 능률이 떨어지게 되어 결국 질문하는 것을 포기하게 된다. 그러나 일반적으로 의문은 소박하면 할수록 본질적인 것이며, 그 답을 알려고 노력하는 것은 영어뿐 아니라 모든 언어를 이해해야 알 수 있는 것이어서, 얼핏 보면 멀리 돌아가는 것 같지만 사실은 그것이 지름길이다. 기본을 확실히 알고 있으면 당연히 응용이 빠르기 때문이다.

소박한 의문은 본질적인 것이어서 제대로 답하려면 영어학이라는 학문적인 입장에서도 매우 어렵다. 본래 영어학을 비롯한 언어학은 그런 소박하면서도 본질적인 의문에 답하는 것을 사명으로 하고 있지만, 너무나도 전문화된 분야라서 영어(학)관련 연구자나 교육자들이 학문적 성과를 영어 학습자들에게 좀처럼 환원하기 어려운 상황에 처하는 경우가 많다. 영어 학습자와 영어학 연구자 모두 목표하는 바는 같지만 둘 사이의 접점을 좀처럼 찾기가 어렵고 오히려 둘 사이에 벽이 가로놓여 있는 것 같기도 하다. 그래서 이 책에서는 학습자가 갖기 쉬운, 그리고 연구자 또한 명확히 하고 싶은 영어에 대한 '소박한 질문'을 중시함으로써 학습자와 연구자의 접점을 많이 만들고 나아가서 둘 사이의 벽을 허물어뜨리는 것을 목표로 한다.

이제껏 영어에서의 의문점을 영어학적으로 해결하려는 취지로 쓰여진 책은 많았는데, (1) 설명이 최신의 학술적 지식에 근거하지 않고 종종 표면적 설명에 그치는 경우, (2) 언어학적 지식을 토대로 하여 설명했어도 현대영어에 관한 이론적 관점에서만 설명한 경우가 많고 역사적 관점에서의 설명이 부족한 경우, (3) 일문일답식으로 설명한 경우가 많고 언어의 체계나 역사에 관한 배경적 설명이 부족한 경우 등의 문제점을 지닌 책들이 많다. 이 책은 이러한 점들을 보완하여 대학생 이상의 영어학습자, 대학 학부나 대학원에서 영어학을 배우는 학생, 영어 교사 등을 주된 독자로 상정하여, '영어사'라는 역사적 시각으로 영어에 대한 소박한 의문에 답변한다.

실제로 영어사적 관점에서 소박한 질문에 답변해 주는 몇몇 책들도 출판되어 있기는 하지만, 의문에 대해 단편적으로 답할 뿐이라서 잡학적 독서물인 경우가 적지 않다. 따라서 독자는 체계적인 분야로서 '영어사'를 인식하는 기회를 갖기가 어렵다. 이 책은 많은 문제들이 영어사 '이야기' 속에서 서로 연관된 문제로 다루어짐으로써 독자에게서 더욱 깊이 탐구하고 싶은 욕구를 이끌어낼 것이며, 영어사 탐구의 시발점을 제공할 것이다. 여기서 제시되는 문제들은 소박한 것이지만 그것을 발전시켜서 깊이 생각하는 즐거움을 느꼈으면 좋겠다.

소박한 의문을 푸는 열쇠는 영어사적인 발상이다. 얼핏 보면 엉뚱한 질문일지라도 영어사적 과제로서 바라보면 폭넓고 깊이 있는 의문이 된다. 독자는 현재 당연하고 절대적인 것이라 여겨지는 규칙성이나 불규칙성도 역사적인 근거가 있다는 것을 알게 될 것이다. 이 책을 읽어가는 과정에서 영어사적인 시각으로 문제를 바라보는 즐거움, 깜짝 놀랄만한 발상의 전환과 자주 마주하게 될 것이다. 영어사를 알면 발상의 전환이나 창의적 발상 등과 같이 현대사회에서 중시되는 창의성에 대한 자각이나 습관을 익히게 될 것이다. 일반인들은 예상할 수 없는 시각으로 영어를 바라보는 것이 영어사적 관점이기 때문이다.

이상을 정리하면, 이 책의 목표는 다음과 같다.

1. '소박한 의문'을 중시한다.
2. 영어를 '역사적으로' 본다.
3. 영어사라는 학문 분야를 탐구하는 시발점을 제공한다.
4. 영어사적인 창의적 발상법을 보여준다.

독자들은 언어에 대한 소박한 감성을 소중하게 보존하면서 영어(언어) 역사의 깊이와 매력을 함께 나누었으면 하는 바람이다.

이 책에서 사용하고 있는 기호

* 있을 수 없는 표현 양식, 또는 이론적으로 재건된 형식 앞에 붙인다.

[ ] 발음을 나타낸다.

/ / 음소를 나타낸다.

< > 문자나 철자를 나타낸다.

고 고대영어 표현을 나타낸다.

중 중세영어 표현을 나타낸다.

목차

제3장 어형에 관한 소박한 의문

제4장 통사에 관한 소박한 의문

제5장 어휘와 의미에 관한 소박한 의문

제6장 방언과 사회에 관한 소박한 의문

부록

속속들이 파헤치는

영어 이야기

영어의 궁금증을 시원하게 풀어주는 최초의 영어사

제1장

어떻게 영어는 현재 모습이 되었을까? — 영어사 입문

Introduction to a History of English

1.1 영어사의 시대구분

1.1.1 각 시대구분의 명칭

영어사의 세계로 발을 내딛기 전에 이 책에서 전제로 하는 시대구분을 명확히 하고자 한다.

<table>
<tr><td rowspan="3">고대영어
(Old English)</td><td>전고대영어
(Pre-Old English)</td><td>449–700</td><td rowspan="3">449–1100</td></tr>
<tr><td>초기 고대영어
(Early Old English)</td><td>700–900</td></tr>
<tr><td>후기 고대영어
(Late Old English)</td><td>900–1100</td></tr>
<tr><td rowspan="2">중세영어
(Middle English)</td><td>초기 중세영어
(Early Middle English)</td><td>1100–1300</td><td rowspan="2">1100–1500</td></tr>
<tr><td>후기 중세영어
(Late Middle English)</td><td>1300–1500</td></tr>
<tr><td rowspan="2">근대영어
(Modern English)</td><td>초기 근대영어
(Early Modern English)</td><td>1500–1700</td><td rowspan="2">1500–1900</td></tr>
<tr><td>후기 근대영어
(Late Modern English)</td><td>1700–1900</td></tr>
<tr><td>현대영어
(Present-Day English)</td><td></td><td></td><td>1900–</td></tr>
</table>

이러한 시대구분의 배경에 대하여 약간의 설명을 붙이자면, 옛 언어를 비교 대조하여 언어 간의 계통적 관계를 탐구하는 **비교언어학**이라는 분야의 성과에 의하면, 기원전 4000년경에 현재 **인구어족**(인도유럽어족)이라고 불리는 언어군의 선조에 해당하는 언어가 남러시아 스텝

지역에서 사용되고 있었다. 이 언어를 **인구조어**라고 한다.

기원전 1500년경에 인구조어가 갈라지기 시작하여 몇몇 어계로 분화되었다. 그들 어계 중 현재의 북유럽이나 독일 쪽으로 전개된 것이 **게르만어계**이다. 게르만어계는 기원전 500년경까지는 대략적으로 한 언어로 존재하고 있었는데 그 단계의 언어를 **게르만조어**라고 한다. 그 후 게르만조어 자체도 분화하기 시작하여 원초적 영어, 독일어, 네덜란드어, 북유럽 제어 등으로 발전되어갔다.

독일 북부나 덴마크 남부 등 게르만어를 사용하는 민족 중에서도 비교적 서쪽에 위치했던 여러 민족 중에서 **앵글족, 색슨족, 주트족** 등이 있었다. 그들이 바로 원초적 영어를 모국어로 사용하였으며, 나중에 **앵글로색슨족**이라고 불리게 된 민족이었다. 앵글로색슨족은 같은 인구어족 계열이기는 했지만 **켈트어계**에 속하는 **브리튼족**이 거주하고 있었던 브리튼섬에 눈독을 들여, 5세기 중엽에 공략을 개시하여 이 섬 대부분을 빼앗았다. 전설에 의하면 449년에 공략한 것으로 되어 있으며, 이 해를 상징적으로 영어사가 시작된 해로 보는 것이 관례이다. 이후 1100년경까지의 시기를 고대영어기라고 부른다.

이렇게 하여 브리튼 섬의 북부와 서부를 제외한 대부분의 지역을 영어를 모국어로 하는 앵글로색슨족이 지배하게 되었고, 그 후 수 세기에 걸쳐서 '앵글족의 땅'(Englaland)이 변화하여 '잉글랜드'(England)로 불리는 왕국으로 발전하였다. 고대영어로 쓰여진 문헌이 본격적으로 나타나기 시작한 것은 700년경이며, 그 이전의 시대를 전고대영어기, 그 후 9세기 후반 **알프레드 대왕**의 활약에 이르는 200년 정도의 기간을 초기 고대영어기라고 부른다. 특히 9세기 후반에서 11세기 전반까

인구조어

- 게르만어계
  - 서게르만어군
    - 고지게르만어군 — 고 고지독일어
      - 독일어
      - 이디시어
    - 저지게르만어군
      - 고 색슨어 – 저지독일어
      - 고 저지프랑코니아어 – 중세네덜랜드어
        - 네덜랜드어
        - 브라만어
        - 아프리칸스어
      - 앵글로프리지아어군
        - 고 프리지아어 – 프리지아어
        - 고대영어 – 중세영어 – 근대영어 – 현대영어
  - 북게르만어군 – 고 노르드어
    - 서노르드어군
      - 노르웨이어
      - 아이슬랜드어
      - 패로어
    - 동노르드어군
      - 덴마크어
      - 스웨덴어
      - 고틀랜드어
  - 동게르만어군 – 고트어
- 켈트어계
  - 브리소닉어군
    - 웨일즈어
    - 콘월어
    - 블튼어
  - 게일어군
    - 아일랜드어
    - 맨어
    - 스콧틀랜드 게일어
- 이탈리아어계
  - 오스크 움브리아 어군
  - 라틴 파리스크 어군 – 라틴어
    - 프랑스어
    - 스페인어
    - 포르투갈어
    - 이탈리아어
    - 프로방스어
    - 레트로맨스어
    - 루마니아어
    - 카탈로니아어
- 그리스어계 – 고전 그리스어 – 그리스어
- 아나토리아어계
  - 힛타이트어
  - 루비어
  - 루디아어
  - 루키아어
- 토카라어계
  - 토카라 A
  - 토카라 B
- 알바니아어계 – 알바니아어
- 아르매니아어계 – 아르매니아어
- 발트 슬라브어계
  - 발트어군
    - 고 프로이센어
    - 리투아니아어
    - 라트비아어
  - 슬라브어군
    - 서슬라브어군
      - 슬로바키아어
      - 체코어
      - 폴란드어
      - 웬드어
      - 세르비아어
      - 소르브어
    - 남슬라브어
      - 고 교회슬라브어
      - 세르보 크로아티아어
      - 불가리아어
      - 슬로베니아어
      - 마케도니아어
    - 동슬라브어
      - 벨라루시어
      - 러시아어
      - 우클라이나어
- 인도–이란어계
  - 인도어군 — 산스크리트어
    - 힌두어
    - 뱅갈어
    - 우루두어
    - 마라티어
    - 로마니어
    - 펀자브어
    - 구자라트어
    - 신하라어
  - 이란어군
    - 아베스타어
    - 고 페르시아어 – 페르시아어
    - 발루치어
    - 쿠르트어
    - 파쉬트어
    - 오세트어

지 앵글로색슨족은 북유럽 바이킹의 습격에 시달렸는데 그 골칫거리에서 해방될 무렵인 1066년에는 영국 역사상 최대 사건인 **노르만 정복**(Norman Conquest)이 발생하여 **노르만인** 프랑스 귀족 **윌리엄 1세**에게 왕위를 빼앗겨 앵글로색슨 왕조는 영원히 막을 내리게 되었다. 900년에서 1100년까지의 이 격동의 시대를 영어사에서는 후기고대영어기라고 부른다.

1100년에서 1500년까지의 400년은 중세영어기라고 불리며, 1300년을 경계로하여 초기와 후기로 나뉜다. 초기 중세영어기에는 노르만 정복의 결과로 잉글랜드에서 프랑스어가 높은 지위를 차지하게 되고, 그와 대조적으로 영어의 지위는 추락하게 되었다. 그러나 후기 중세영어기에 프랑스어에 대한 영어의 지위가 서서히 회복되어, 14세기 후반에는 영어의 아버지라 불리는 **초서**(Geoffrey Chaucer)가 등장하는 등, 앵글로색슨 시대 이래 수 세기만에 격조 높은 영문학이 꽃을 피우게 되었다.

15세기말에는 잉글랜드에서 **장미전쟁**이라고 하는 귀족들의 내란이 종결되었고, 시대는 르네상스로, 근대로 옮겨가게 된다. 1500년에서 1900년까지의 400년간을 근대영어기라고 부른다. 그 전반에 해당하는 초기 근대영어기는 영국사에서 보면 **종교개혁**, 르네상스, 엘리자베스 1세의 통치, 시민혁명의 시대에 해당하며, 중세에서 근대로 넘어가는 격동의 시대였다. 그 과정에서 **셰익스피어**(Shakespeare)를 비롯한 재능 풍부한 문학가들이 많이 배출되었다. 1700년에서 1900년까지는 후기 근대영어기로서, 영국이 연합왕국으로서 급속하게 국제적 힘을 갖추게 되어 아메리카, 아프리카, 아시아, 오세아니아 등 세계로 진출하였고 **빅토리아여왕**이 군림하는 대영제국으로 발전한 시기였다. 또한 영어를 모국어로 또는 공용어로 하는 국가나 지역이 영국 이외에도 생겨나게 되어 영어의 국제적 영향력이 강화된 시대이기도 하였다.

마지막으로 1900년 이후로부터 현재까지를 현대영어기라고 한다. 대영제국은 해체 일로에 들어서게 되었고, 대신에 미국이 세계를 이끌어가는 시대가 되었다. 미국의 국제적인 영향력과 글로벌 커뮤니케이션이 증대함에 따라 세계어로서의 영어의 지위가 매우 높아지면서 인류는 21세기를 맞이하게 되었다.

1.1.2 시대구분의 자의성

영어사의 각 시대와 시대구분에 관한 역사적 배경을 살펴보았는데, 여기서 강조해야 할 것은 시대구분이란 어디까지나 후세 학자들이 편의상 나누어 놓은 것이라는 점이다. 예를 들면, 449년을 중심으로 한 전후 수 세대 동안에 영어라는 언어의 구조가 크게 변화한 것도 아니고, 1066년 노르만 정복을 전후하여 갑자기 언어적 대혁명이 일어난 것도 아니다. 언어변화는 정도의 차이는 있지만 늘 천천히 진행되고 있으며, 수 세대에 걸쳐서 소통이 곤란할 정도로 비약적인 변화가 일어나는 일은 거의 없다. 그런 의미에서, 언어사상의 시대구분은 자의적이다. 언어사의 시대구분에는 그야말로 결정적이라고 할 만한 것은 없으며, 좀 과장해서 말하면 연구자 수만큼의 시대구분 방법이 있다고도 할 수 있다.

Hockett은 시대구분에 대해 하기 쉬운 오해를 풀기 위해서 다음과 같은 도표를 제시하였는데, 말로 하는 언어의 변화 속도는 다소 오차가 있기는 하나 원칙적으로 일정하다는 것을 전제하였다(한편, 글에서의 변화는 보다 더 완만하며, 반드시 일정 속도로 진행되지는 않는 것 같다).

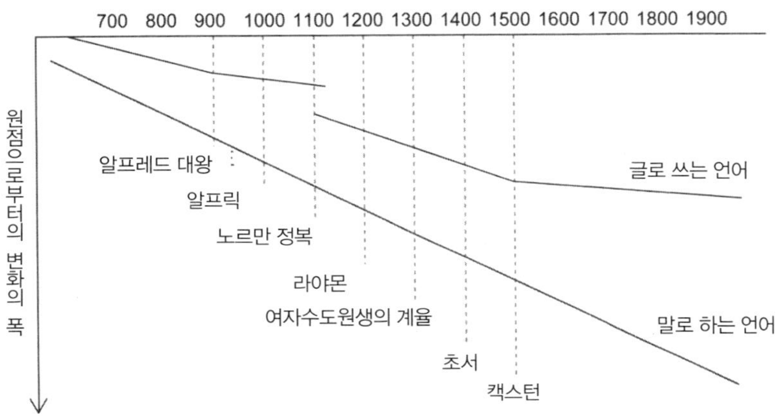

Hockett, "The Terminology of Historical Linguistics"를 기초로 하여 작성

그러나 시대구분에 대해서 연구자들 사이에서는 어느 정도의 합의가 있다는 것도 확실하다. 앞에서 보인 구분은 비교적 널리 받아들여지고 있는 것 중의 하나이다. 이와 같은 합의는 언어학적인 증거에 의한 것이라기보다는 연구자들 간의 참조의 편의성 때문이라고 보는 것이 좋을 것이다. 시대 참조를 위해서 '고대영어' '초기중세영어' '후기근대영어' 등의 공통된 명칭이 있으면 편리하기 때문에 시대구분이 설정된 것이며, 실제 언어변화는 점진적인 연속체라는 것을 명심해 주었으면 좋겠다. 고정된 시대구분에 지나치게 얽매이면 언어의 연속성을 볼 수 없는 경우가 있고, 나아가서 옛 영어와 현대영어 사이의 연관성을 파악하기 어려워진다. 앞에 제시한 시대구분은 편리한 도구로서, 그러나 어디까지나 상대적인 것으로 이해하면 좋을 것이다.

1.2 자료와 매체

좁은 의미에서의 '영어사'는 현대영어로 이어지는 옛 모습의 영어로 쓰여진 문헌적 증거를 근거로 하여 영어의 역사를 살펴보는 것이다. 그렇게 본다면, 앞서 언급했듯이, 영어로 쓰인 문헌자료가 본격적으로 나타나기 시작한 것이 700년경이므로, 엄밀히 말하면 그 이후의 영어의 역사가 '영어사'인 셈이다. 그러나 고고학적인 증거나 대륙의 문헌으로 보면 그 이전에도 대륙이나 브리튼 섬에서 훗날 '영어'로 발전할 언어가 사용되었음은 분명하며, 따라서 넓은 의미에서의 '영어사'는 그보다 훨씬 전 시대로 거슬러 올라갈 수 있다. 여기서 이 넓은 의미의 '영어사'를 생각한다면 시대를 거슬러 올라가서 게르만조어나 더 나아가서 인구조어, 그리고 궁극적으로는 인류언어의 원초에까지 이르게 되며, 그 과정에 단절이 없다고 가정한다면 이론적으로는 어디서부터 '영어사'가 시작되는 것인가를 결정할 수는 없을 것이다. 언어사의 시대구분이 자의적이고 편의적인 성격을 지녔다는 것을 새삼 알 수 있다.

여기서 옛 시대의 언어체계에 대한 시사나 증거를 제공해 주는 자료와 매체라는 관점에서 영어사를 보면, (1) 직접적인 자료는 없지만 비교언어학의 재건(reconstruction)이라는 방법에 의해 이론적으로 복원할 수 있는 시대(인구조어에서 전고대영어까지), (2) 문헌자료를 직접 구할 수 있는 시대(초기 고대영어에서 현대영어까지), (3) 직접 음성자료를 얻을 수 있는 시대(주로 후기 근대영어에서 현대영어까지), 로 나뉜다.

(1)에서 얻을 수 있는 정보는 어디까지나 이론적인 것이며 현실에서 확인할 수는 없지만 가까운 이웃언어와의 엄밀한 비교에 근거한 재건 방법에 대해서는 학술적으로 높은 신뢰성이 인정된다. 인구조어나 게르만조어 단계에서는 글로 쓰인 언어(서기언어)는 없었던 것으로 여겨지므로, 여기서 복원되는 언어체계는 필연적으로 말로 하는 언어(음성언어)이다.

(2)의 문헌자료에는 비문, 수서본, 인쇄물, 전자서적 등 다양한 것들이 있다. 문헌자료의 정의상 글로 쓰인 언어가 중심이 되지만, 회화 등이 쓰여진 경우에는 그것으로부터 말로 하는 언어 형태를 복원할 수 있다. 따라서 옛 시대의 말을 문헌을 보고 복원하려면 문헌에 나타난 글 속에 말이 어떤 형태로 재현되었는가, 어떻게 그것을 이끌어낼 수 있는가가 핵심이다. 따라서 문헌자료를 해독할 때에는 철자와 발음의 관계에 대하여 충분히 주의해야 한다는 것을 알 수 있다.

(3)의 음성자료는 주로 19세기 후반에 녹음기기가 발달하면서 입수 가능하게 되었으며, 그 당시 사용하던 말에 직접 접근할 수 있다는 점에서 귀중한 자료라 할 수 있다. 그 외에도 현존하는 방언이나 구전문학에 옛 발음이 남아있는 경우 등과 같이 간접적으로 과거의 언어에 접하는 방법도 있다.

'영어사'는 좁은 의미이건 넓은 의미이건 간에 이들 직접·간접적인 증거를 꿰어 맞추어 만들어내는 고유의 장대한 이야기이다. 그 이야기는 가능한 한 논픽션이어야 하지만 증거를 입수할 수 있는가 없는가에 따라서 때로는 픽션인 듯한 느낌이 들 수도 있다. 여기에 영어사의 한계와 도전이, 어려움과 즐거움이 있다.

1.3 음성과 철자의 변화

1.3.1 음성의 변화

언어사를 이야기 할 때에 언어의 음성, 문법, 어휘 등 언어체계를 구성하는 요소들의 변화를 더듬어 보는 **내면사**(internal history)와, 언어가 사용되었던 사회나 그 화자 집단의 문화와 역사의 관련성을 살펴보는 **외면사**(external history)로 구분된다. 내면사와 외면사는 예상하는 것 이상으로 서로 밀접하게 연결되어 있기 때문에 이상적으로는 두 가지 시점을 균형있게 잘 조합하여 언어의 역사를 기술하여야 한다. 그러나 이 두 가지 시점을 종합한다는 것이 쉬운 일이 아니므로, 나중에 종합한다는 전제하에 우선은 따로따로 고려하는 것이 현명할 것 같다. 본 절과 다음 절에서는 영어의 내면사, 우선은 음성, 철자, 문법 변화에 초점을 두고 역사를 살펴보겠다.

기능적인 관점에서 볼 때 언어를 구성하는 최소단위는 **음소**(phoneme)이다. 음소는 크게 자음과 모음으로 나뉜다. 고대영어에서 중세영어, 근대영어를 거쳐 현대영어에 이르기까지 자음 음소 목록은 크게 변하지 않았다. 역사적 과정에서 소실된 자음 음소 /x/ 나 새로 생겨난 자음 음소 /ʒ/ 가 있기는 해도 자음체계는 역사적으로 무척 안정되어 있다고 할 수 있다. 그러나 그 음소가 나타나는 조건이나 배열에 대해서는 어느 정도 변화가 보인다. 예를 들면, 고대영어나 중세영어의 자음은 훗날 특정 환경에서 소실되었는데, 그 흔적이 단어 철자에서 **묵자**(silent letter)로 남아 현재에도 전해지고 있다. 예로서 climb이나 listen에서 b와 t가 발음되지 않는 철자로 남아있는데, 이들은 고대영어에서는 반드시 발음되었다.

한편, **모음**(단모음, 장모음, 이중모음)음소는 고대영어 이래로 크게 변화했으며, 이는 영어사의 큰 특징이라고 할 수 있다. 고대영어의 이중모음에는 ēa, ēo 등과 같이 현대영어에서는 볼 수 없는 것들이 많은데, 이들은 중세영어의 여러 방언에서 장모음화 했든가 또는 근대영어에 들어서 많은 것들이 다시 이중모음화 하였다(모음 위의 가로선은 장음을 표시하는 기호이다. 본래 고대영어 사본 등에는 표시되어 있지 않다). 중세영어 이후, '모음 + 자음' 결합이 무너지고 새로운 장모음이나 이중모음이 생겨난 경우도 많아서, 영어의 모음체계 변화는 전체적으로 매우 현저하다. 장모음·이중모음에 대해서는 1400-1700년경에 걸쳐서 발생했던 **대모음추이**(Great Vowel Shift)가 잘 알려져 있으며, 이에 따라 모음은([aː] →)[ɛː] → [eː] → [iː], [i] → [əɪ], [ɔː] → [oː], [oː] → [uː], [uː] → [əʊ]와 같이 체계적으로 변화하였다.

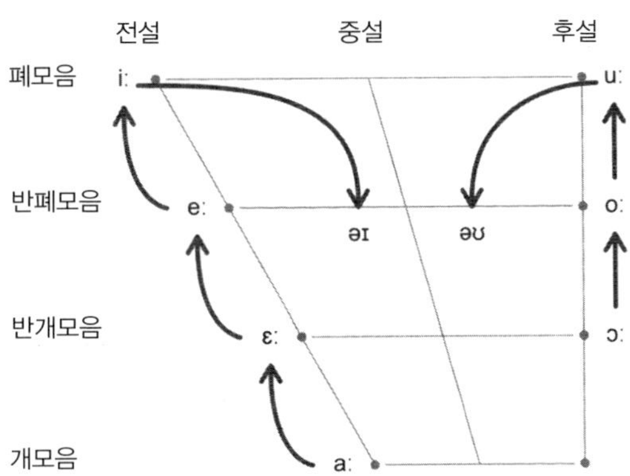

음성환경에 따라 장모음이 단모음화하거나 단모음이 장모음화하는 변화도 역사적으로 종종 일어났으며, 그 중에서도 특히 중요한 것은 **중세영어 개음절 장모음화**(Middle English Open Syllable Lengthening)이다. 이것은 개음절(모음으로 끝나는 음절)에서 단모음이 장모음화하는 과정을 말하는데, 예를 들면 nama "name"는 nāma로, beran "to bear"은 bēran으로, ofer "over"는 ōfer로 변화하였다. 또 영어사상 매우 중요한 의미를 지니는 것으로서 강세 없는 음절의 모음(및 비음 [n]이나 [m])이 종종 약화되어 결국에는 소실되어 버리는 경우가 잦았다(2.5절 참조). 고대영어나 중세영어에서는 일반적으로 어말 음절에는 강세가 오지 않으므로 어말에 나타나는 많은 모음들이 소실되었다.

다음 절에서는 강세위치의 변화도 역사적 화제가 된다. 게르만어계에 속하는 영어에서는 본래 제1음절에 강세가 놓이는 것이 원칙이며, 약한 접두사가 붙는 경우는 예외이기는 하나 대체로 그 규칙성은 일관되어 있었다. 그런데 중세영어 이후에 되도록 뒤쪽에 강세를 두고자 하는 프랑스어나 라틴어로부터의 차용어가 대량 유입되면서 본래의 게르만어적 패턴이 헝클어지게 되었고, 강세 규칙에 큰 혼란이 생겨났다. 그 결과 근대 이후 현재에 이르기까지 처음 접하는 다음절어의 강세위치를 예측하는 것은 어려워졌다. 그 혼란의 역순을 더듬어 보면, 근대영어기에 récord(n.) vs recórd 등과 같이 품사에 따라 강세위치를 바꾸는 묘기를 지니게 된 것도 역시 자유분방한 영어다운 역사의 단편이라 할 수 있다(2.2절 참조).

1.3.2 철자의 변화

영어 철자의 역사도 음성의 역사와 마찬가지로 복잡하다. 영어를 포함한 게르만어 제어가 철자를 사용하기 시작한 것은 대략 기원 1세기 이후이며, 처음에는 알파벳의 일종인 **룬문자**가 사용되었다. 영어에서 룬문자로 기록된 현존하는 가장 오래된 기록은 서포크 주에서 발견된 450-80년경으로 추정되는 금메달이다.

앵글로색슨족이 본격적으로 문자를 사용하게 된 계기는 6세기 말 기독교가 전파되면서 대륙으로부터 **로먼 알파벳**이 도입된 것이었다. 라틴어를 모범으로 삼으면서 영어로 쓰여진 문헌이 700년경부터 나타나기 시작하였으며, 영어로 기록하는 독자적인 방법이나 독자적인 문자(<æ> "ash"=[æ]; <Þ, ð> "thorn, eth"=[θ, ð]; <p> "wynn"=[w])가 로먼 알파벳에 첨가되었다(문자나 철자를 표시할 때 관습적으로 < >을 사용한다). 초기 고대영어기에는 통일된 표준 철자가 없었으며 쓰는 사람(주로 성직자)은 자신이 사용하는 방언의 발음을 그대로 철자로 옮겨 적었기 때문에 철자의 형태가 매우 다양하였다.

후기 고대영어기에는 영국 남서부의 웨섹스 왕국이 영국 전역에 정치적 영향력을 행사하게 되면서 **웨스트 색슨 방언**의 발음에 근거한 온건한 표준철자가 발달하였으며, 문서는 주로 이 표준철자로 쓰여지게 되었다. 그러나 후기 고대영어 철자의 '표준'은 올바른 철자법이 한 가지로 정해진 현대적인 '표준'과는 달리 어느 정도의 다양성을 허용하는 것이었으므로, 오히려 '표준 지향'이라고 부르는 것이 타당할지도 모르겠다. 그러나 원칙적으로는 철자는 말할 때의 발음을 그대로 표기하였다. 말하자면 발음기호라고 할 수 있으며, 현대영어에서 종종 볼 수 있는 묵자 등의 불규칙한 철자는 전혀 없었다. 말할 때의 언어와 쓸 때의 언어가 지금보다 훨씬 서로 가까웠던 것이다.

노르만 정복을 거쳐 중세영어기에 접어들면서 프랑스어의 권위 아래 영어의 지위는 낮아져서 영어가 글로 사용될 기회는 격감하였다. 이에 따라 이전 시대의 웨스트 색슨 표준 철자의 전통이 끊어지고 다시 무의 상태로 돌아가게 되었다. 13세기 이후 서서히 영어가 부활함에 따라 다시 영어가 쓰여지게 되었지만 이 시대에 새로이 영어를 사용하는 사람들에게는 참고할 만한 영어의 표준 철자가 이미 소실되었기 때문에 오로지 의지할 것은 외국어인 프랑스어 철자 습관이나 아니면 자신들의 영어방언 발음뿐이었다. 프랑스어 철자 습관에 따라, 예를 들면 고대영어에서는 <cw>, <c>, <s>로 쓰던 것을 각각 <qu>, <ch>, <ce>로 바꿔 쓰게 되었다(ex. <cwen> → <queen>, <circe> → <church>, <is> → <ice>). 그러나 초기 고대영어기에도 그랬듯이 철자는 화자가 속한 출신지 방언의 발음을 철자에 반영하면서 쓰는 경우가 많았다. 중세영어기에는 영어의 사회적 지위가 상대적으로 낮아서 어떤 의미에서는 그저 내팽개쳐졌다고 볼 수 있기 때문에 각지에서 매우 자유롭게 언어 변화가 생겨났으며 고대영어기보다도 더 다양한 방언이 꽃피었다. 이에 따라 철자도 매우 다양해졌는데, 극단적인 예를 들어보면, 현대영어 through에 해당하는 단어의 철자가 필자가 조사한 바에 의하면 중세영어기에는 515종이나 확인된다(ex. yhurght, trghug, thrwght, thwrw, thrvoo, throw, threw, yora, ȝour, through).

그러나 14세기말 이후에 얼핏 무질서해 보이는 철자의 혼돈 상태가 천천히 해소되기 시작하였다. 런던의 정치, 경제, 문화적인 영향력이 강화되면서 프랑스어에 대한 영어의 지위가 완전히 부활함에 따라, 다시 철자 표준화를 시도하게 되었고, 점차 그 다양성도 감소하게 되었다. 15세기 말에는 대륙으로부터 **활판인쇄**가 도입되어 지금까지 이상으로 많은 사람들이 대량의 문자를 접하게 되었는데, 이는 직접·간접으로 철자 표준화와 그 보급에 공헌했다고 볼 수 있다. 그러나 실제로 표준화 과정은 매우 완만하였으며 현대적 의미에서의 표준철자의 원형이 제정된 것은 근대영어기 중엽 1650년경이며, 거의 완전하게 고정화된 것은 **새뮤엘 존슨**(Samuel Johnson)의 사전이 출판된 1755년이었다. 표준화 과정에서는 정음학자, 철자 개혁자, 교육자, 사전 편집자, 인쇄업자가 각각 영향력을 지니고 있어서 실제 철자 표준화에는 예상 밖의 긴 기간이 소요되었다.

그런데 공교롭게도 이렇게 표준화가 진행되는 와중에 앞서 언급한 대모음추이가 시작되어 각종 음 변화가 다양하게 일어나고 있었다. 이로 인해 이후 발음과 철자가 서로 괴리되어갔다. 또 16세기를 중심으로 한 시기에는 대량의 라틴 차용어가 영어에 유입되어 라틴어 식 철자가 영어에 사용되었기 때문에, de*b*t 나 dou*b*t 와 같은 부자연스러운 철자가 정착하게 되었다(2.6절 참조).

17세기에 영어가 자리 잡게 된 미국에서는 18세기 말 정치적 독립을 이루어낸 독립전쟁 시기에 애국자인 **노아 웹스터**(Noah Webster)가 언어적 독립을 위해 활약하였으며 colour를 color로 바꾸어 쓰는 등과 같은 미국 철자 표준을 확립하는 운동을 추진하였다. 그 결과 일부 단어에서 영미 차이가 생겨나게 되었다. 그러나 그 이외에는 후기 근대영어부터 현대영어에 이르기까지 현저한 철자 변화는 일어나지 않고 있다. 영어에서의 발음과 철자의 괴리에 대해서는 학습상의 어려움 때문에 철자개혁의 필요성을 호소하는 목소리가 역사상 멈춘 적이 없지만, 어떠한 개혁운동도 거의 성공하지 못하고 현재에 이르고 있다.

본 절에서 언급한 발음과 철자에 대한 문제는 구체적인 의문을 다루면서 제 2장에서 다시 논의하겠다.

1.4 문법의 변화

문법체계의 변화에 대해서 알아보자. 고대영어는 현대영어보다도 훨씬 더 굴절이라는 수단에 의존했던 언어인데, 이런 점에서 오히려 라틴어나 현대 독일어나 현대 러시아어에 가까운 유형의 언어였다. **굴절**이란 문장 안에서 단어의 역할을 표시하기 위해 어형(주로 어미)을 변화시키는 것을 말한다. 현대영어에서 인칭대명사는 격에 따라 he-his-him으로 변화하지만, 고대영어에서는 이러한 격 변화가 대명사뿐 아니라 모든 명사에서도 존재했다. 명사는 네 개의 **격**(주격·대격·속격·여격)에 따라 어형이 변했으며, 이 외에도 두 가지 **수**(단수·복수)와 세 가지 **성**(남성·여성·중성)에 따라서도 복잡하게 굴절했기 때문에 현대영어와 비교하면 무척이나 번잡한 인상을 준다. 명사와 연동하여 형용사도 성·수·격에 따라 굴절하였고, 나아가서 동사도 **법**(직설법·접속법·명령법), **시제**(현재·과거), 주어의 **인칭**(1·2·3인칭), 수(단수·복수)에 따라 굴절하였다.

구체적인 예를 보면서 고대영어의 굴절에 대하여 설명하겠다. 고대영어의 stāna는 '(복수)돌의'(of stones)를 뜻한다. 이것은 stān이라는 어간에 굴절어미 -a가 붙어서 만들어졌는데, -a는 이 한 음(한 문자)만으로 '남성·속격·복수'라는 복합적 문법 정보를 표시한다. 마찬가지로 lufodest(loved)는 어간 luf에 -odest가 붙었는데 이 어미는 '직설법·과거·2인칭·단수'라는 복합적 문법 정보를 표시한다. 작은 굴절어미 속에 많은 문법정보를 '종합'하여 내포하고 있다고 하여 이러한 문법수단이 발달한 언어를 **종합적 언어**(synthetic language)라고 한다.

종합적 언어는 번잡스러운 굴절변화를 습득해야 한다는 점에서 어렵게 여겨지지만, 일단 습득하면 굴절변화만으로 문장 안의 단어와 단어 간 관계를 포함한 각종 문법 정보를 표시할 수 있어서 편리하다. 굴절이 발달하면 어순이나 전치사의 중요성이 낮아진다. 실제로 고대영어에서는 어순이 비교적 자유로웠으며 전치사도 그리 많이 쓰이지 않았다. 역으로, 고대영어 관점에서 현대영어 문법을 보면, 굴절에 의존하여 문법정보를 표시하는 것을 최소한으로 억제하고 있으며, 주로 어순이나 전치사 사용에 의존하고 있다. 예컨대, 현대영어에서는 of stones에서처럼 of는 소유의 역할을, -s는 복수의 역할을 하게 함으로써 기능을 분해하기 때문에 이러한 유형의 언어를 **분석적 언어**(analytic language)라고 한다.

따라서 고대영어에서 현대영어로의 문법 변화는 거시안적으로 볼 때 한 마디로 표현하면 '종합에서 분석으로의 변화'인 것이다. 주로 굴절에 의존했던 언어로부터 어순이나 전치사 등에 의존하는 언어로, 그 유형을 180도 전환한 셈이다. 한편, 미시안적으로 보면 전체적인 굴절어미의 감퇴라고 표현할 수 있다. 문법정보를 표시하는 굴절변화가 감퇴하여 그 기능을 잃어감에 따라, 별도의 수단으로서 어순과 전치사 사용이 대두되었다고 할 수 있기 때문이다. 즉, 영문법상 유형적 대전환의 계기는 굴절변화의 쇠퇴에 있었던 것이다. 그러면 굴절변화의 쇠퇴는 어떻게 일어나게 된 것일까?

명사와 형용사 어미는 수와 격, 그리고 종종 성 차이를 표시했었는데, 주로 후기 고대영어에서 초기 중세영어에 걸쳐서 발음이 크게 변화한 탓에, 이형태 간의 구분이 없어져서 결과적으로 그 유용성도 없어지게 되었다. 동사에 대해서도 어느 정도는 같은 설명이 가능하다. 굴절어미의 **수평화**(leveling)현상은 부분적으로 음변화가 일어나면서 유추작용에 의해 변화가 일어나는 것을 의미한다. 우선 처음 일어난 것은 어미 -m이 -n으로 변한 현상이다. 명사나 형용사의 여격 복수나 형용사 강변화 굴절의(남성 및 중성)여격 등에서, 예를 들면 mūðum 'to mouths'은 mūðun이 되고 gōdum 'to good(things)'은 gōdun이 되었다. 그 후에 이 -n은 다른 굴절어미 -n과 더불어 탈락하여 *mūðu, *gōdu가 되었다(비교언어학적 관습에 따라 이론적으로 재건된 형태에는 *를 표시한다). 이와 동시에 굴절어미 a, o, u, e 모음은 애매모음 [ə]로 변하여 불명료한 발음이 되었는데 이것은 철자 <e>(장소와 시간에 따라 <i, y, u>로도)로 나타나게 되었다. 결과적으로 원래 구별되어 쓰이던 -a, -u, -e, -an, -um 등의 몇몇 어미가 모두 -e로 수평화되어, 이전에 굴절로 표시되었던 문법상의 차이를 전달할 수가 없게 되었다. 이러한 변화의 흔적은 일찍이 10세기 고대영어 사본에서 찾아 볼 수 있다. 이 변화는 일반적으로 12세기 말까지는 일어나고 있었다. 더욱이 후기 중세영어에 이르러서는 이 수평화된 -e 마저도 소실되고 말았다.

굴절어미 수평화와 음의 소실은 이러한 과정을 거쳤는데, 문제는 변화의 계기가 된 음 변화가 왜 일어났는가 하는 것이다. 첫째로는 제1음절에 강세가 놓이는 게르만어의 특징과 관계가 있다. 어간을 담당하는 제1음절에 강세가 있으면 대개 굴절어미를 담당하는 제2음절이 상대적으로 약하게 발음되기 마련이다. 즉, 굴절어미는 원래가 음의 수평화나 소실이 일어나기 쉬운 환경에 놓여 있었던 것이다. 많은 문법정보를 지니고 있는 굴절어미가 수평화되거나 소실되기 쉽다는 것은 언어로서 큰 모순인 것처럼 여겨질지 모르나, 게르만어는 숙명적으로 그와 같은 특징을 지니고 있었다. 실제로 영어뿐만 아니라 독일어, 네덜란드어, 북유럽 여러 언어에서도 정도의 차이는 있어도 역사적으로 굴절어미의 감퇴가 일어나기는 했는데, 게르만어계 언어 중에서도 영어는 굴절어미의 감퇴를 비교적 이른 단계에서 심하게 경험한 언어였다.

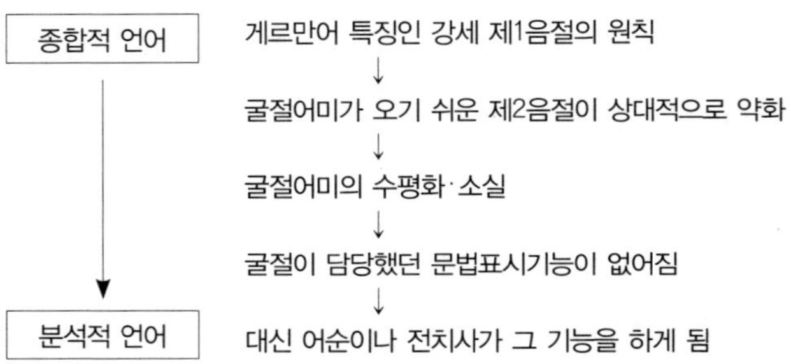

이상에서 고대영어에서 중세영어에 걸쳐 일어난 문법상의 대전환에 대해서 살펴 보았다. 이후 근대영어를 거쳐 현대영어에 이르기까지의 문법의 변화는 이 대전환에 비하면 적은 것이기는 해도 다양하게 일어나고 있다. 주된 변화를 보면 중세영어기에 '완료형'인 have + 과거분사의 발달, 근대영어기에 '진행형'인 be + ing의 발달, 동명사의 발달 등이다. 그러나 대부분의 문법변화는 앞서 설명한 굴절어미의 감퇴와 간접적으로 관련되어 있다. 예를 들면, 고대영어와 중세영어에서 활발하게 쓰였던 비인칭 구문이 근대 이후에 쇠퇴한 것은 굴절이 없어지면서 어순이 고정화함에 따라 발생한 현상이었고, 어떤 품사가 그 형태를 바꾸지 않고 다른 품사로 전환하는 품사 전환이 근대영어 이후에 급증한 것도 굴절어미 감퇴의 영향인 것이다. 가정법(접속법)의 점차적 쇠퇴도 굴절변화 감퇴와 연동되어 있고, 가정법 대용으로서 조동사가 급격히 발달하게 되었다. 영어사에서의 많은 문법변화의 핵심에는 굴절어미 감퇴가 있었다는 것을 꼭 기억해 두기 바란다.

문법에 관한 구체적인 문제들에 대해서는 제3-4장에서 다루기로 한다.

1.5 어휘의 변화

어휘 변화는 내면사 관점에서 기술할 수도 있지만 영어에는 다른 언어로부터의 **차용어**가 많은 관계로 외면사와의 관계도 동시에 고려하면서 이해하는 것이 적절하다. 게르만어계에 속하는 영어는 초기 고대영어기에는 게르만 기원의 어휘(이것을 다른 언어로부터의 차용어와 구분하여 본래어라 부른다)를 거의 순수하게 유지하고 있었다. 확실히 앵글로색슨족이 대륙에 살았던 시대에 영어의 선조 언어는 로마인과의 교역을 통한 접촉으로 라틴어로부터 wine, street, tile 등의 단어를 차용했으며, 브리튼 섬으로 이주한 후에도 원주민이 사용하던 켈트어로부터 아주 소수의 단어를 차용하였다. 그러나 초기 고대영어 어휘는 사실상 거의 100%가 게르만계였다.

초기 고대영어 이후 특히 7세기 중엽 이후 기독교가 침투하면서 그와 관련된 라틴 차용어가 450어휘 정도 영어로 유입되었다. 예를 들면, abbot '수도원장', altar '제단', angel '천사', anthem '성가', candle '양초', canon '법규', cleric '성직자', deacon '조제', demon '악마', disciple '사도', gloss '주해', grammar '문법', hymn '찬미가', martyr '순교자', mass '미사', master '선생', minster '대사원, 대성당', monk '수도사', noon '아홉 개의 시간(의 예배)', nun '수녀', palm '종려', pope '로마 교황', priest '사제', prophet '예언자', psalm '찬미가', psalter '시편', school '학교', shrive '고해하다', temple '신전', verse '운문' 등이다. 고대영어 어휘 전체에서 이들 라틴 차용어의 비율은 미미한 것이지만 이

후에 수많은 어휘를 차용해가는 영어의 역사를 생각하면 이 시기에 차용된 기독교 관련 용어들은 영어가 어휘 차용을 향해서 한 발 내딛은 중요한 순간이었다고 볼 수 있다.

다음으로 8세기 후반부터 시작되는 **바이킹**의 침략과, 이어지는 데인족의 영국 정착에 의해 영어는 그들의 언어인 **고 노르드어**의 영향을 받게 된다. 영어와 고 노르드어는 같은 게르만어계에 속하며 문화나 풍습에 있어서 공통점이 많았기 때문에 공동생활이 시작되자 영어에 고 노르드어 어휘가 대량 유입되었다(단, 실제로 문헌상에 그 영향이 나타나는 것은 중세영어기에 들어서이다). 고 노르드어로부터의 차용어는, 전에 라틴어의 경우 기독교 용어 등 문화적 어휘가 많았던 것과는 달리, 일상적이고 비근한 어휘가 많았다. 예를 들면 both, call, die, egg, get, give, hit, raise, same, seat, seem, sky, steak, take, their, them, they, though, ugly, want, wrong 등이다. 경우에 따라서는 Though they are weak fellows, she gives them gifts.와 같이 고 노르드어에서 유래한 단어들만을 사용하여 문장을 만들 수 있을 정도이다. 이같은 고 노르드어로부터의 차용어는 주로 고대영어기에 2000어휘 정도 영어에 유입되었고, 현대표준영어에도 900어휘 정도가 생존하여 상용되고 있다.

노르만 정복을 거쳐 중세영어로 들어오면 프랑스 차용어가 밀려들어온다. 차용이 최고조에 이른 것은 정복 후 2-3세기가 지난 후인데, 중세영어기에 만 개에 가까운 단어가 영어에 유입되었다. 차용어의 의미 분야는 정치·행정·교회·법률·군대·유행·식사·사교·예술·학술·의학 등 전문성이 높은 것부터 일상적인 어휘에 이르기까지 매우 다양하였다. 이와 같이 프랑스 어휘들은 중세영어기에 유입되어 영어 어휘의 일부가 되어 현재에 이르고 있다. 같은 중세영어기에 대량의 프랑스어 차용에 의해 그늘에 가려져 있기는 했지만 전문적인 라틴 차용어도 계속해서 영어로 유입되었다. 또 교역을 통한 접촉으로 네덜란드어나 프라만어 등 대륙 저지대 지방의 차용어도 유입되었다. 이 시기에 영어는 다른 언어로부터의 어휘 차용에 관해서 이미 풍부한 경험을 쌓고 있었던 것이다.

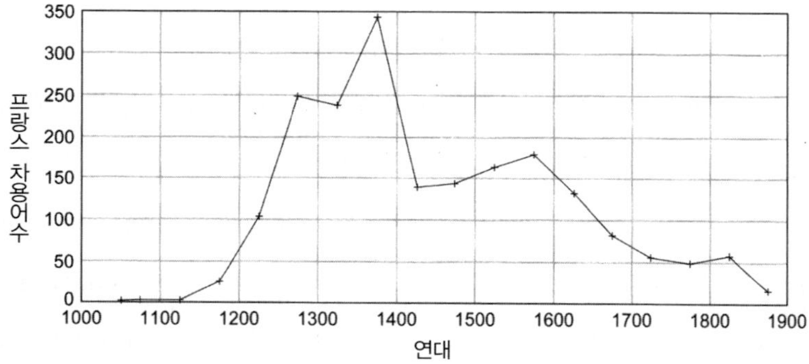

표에 보이는 단어 수는 「옥스퍼드 영어사전」(=OED)에서 알파벳 각 문자로 시작하는 프랑스 차용어 중 처음 나오는 100 단어를 추출하여 그들이 처음 발생한 연도별로 분류한 수치이다.

Jesperson, "Growth and Structure of the English Language"를 기초로 하여 작성.

르네상스시기에 들어서 고전어에 대한 관심이 높아져서 영국의 지식인들은 라틴어나 그리스어에 탐닉하는 언어생활을 하였다. 특히 16세기 후반에만 라틴 단어 12000개 정도가 유입되어 영어 어휘사에서 가장 차용 속도와 밀도가 높았던 시대였다. 중세영어기에는 그리스어에서 직접 차용된 어휘들이 없었는데 이 시기에 들어서 갑자기 증가하였다. 이러한 어휘들은 주로 전문 용어들이었는데 학자가 아닌 일반 영어 화자에게는 난해했던 탓에 학자를 상징하는 문방구 이름을 따서 '잉크병 용어'(inkhorn terms)라고 불리었다. 이와 관련하여 많은 난해어 사전이 생겨난 것도 이 시기였다. 또한 이 시대에는 유럽에서의 교역을 통해서 프랑스어, 스페인어, 포르투갈어 등 라틴어에서 파생된 로맨스어계 언어들로부터의 차용이 증가한 시대이기도 했다. 다음 그림은 초기 근대영어기 차용어 분포를 나타낸 것이다.

초기 근대영어기 차용어의 기원

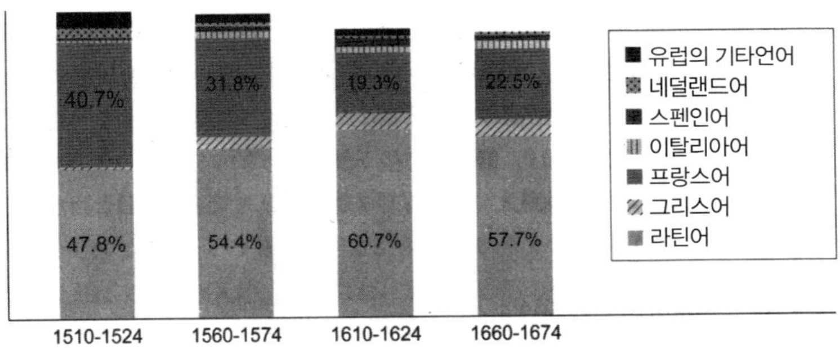

Finkenstaedt, *A Chronological English Dictionary*의 통계에 기초함

후기 근대영어기에는 영어 차용어의 원천이 갑자기 세계화되었는데, 이는 영국이 전세계에 많은 식민지를 두게 된 것과 새로운 영어 사용국이 된 미국이 신대륙에서 원주민의 언어를 비롯한 많은 언어와 접촉하게 된 것이 그 주된 원인이었다. 아프리카, 남아메리카, 오세아니아, 그리고 일본과 중국을 포함한 아시아 여러 언어로부터 많은 어휘를 차용하였다. 현대영어에서도 세계적인 차용은 지속되고 있는데, 차용 규모로 보면 초기근대영어에서 절정에 달했던 이래로 그 기세는 줄어들고 있다. 영어가 세계어가 됨에 따라 세계 각 언어에 대하여 오히려 어휘를

공급하는 쪽에 서게 되었다고 볼 수도 있을 것이다.

한편, 새로운 어휘를 도입하는 경우에 앞서 기술한 어휘 차용과는 별개로 기존의 단어나 요소를 조합하여 어휘를 만들어내는 **복합**(compounding)이나 **파생**(derivation)이라는 방법이 있다. 말하자면 기존 부품의 재활용이라고 할 수 있다. 이러한 신어 창작법은 모든 언어에 공통된 것이며 영어도 그 예외는 아니다. 기존 부품의 재활용은 고대영어에서 중세영어, 근대영어에서 현대영어에 이르기까지 늘 이루어졌는데, 상대적으로 말하면 고대영어에서 특히 활발하였고, 중세영어와 초기 근대영어에서는 다소 감퇴하였고, 후기 근대영어와 현대영어에 걸쳐서 다시 활발해졌다. 즉, 어휘차용의 경향과는 대략 상반되는 길을 걸어온 것이다. 근현대에 와서는 전문용어나 과학용어의 수요가 폭발적으로 증가하였는데, 이미 영어의 일부가 되어버린 라틴어나 그리스어 요소를 조합하여 그 수요에 대응해 왔기 때문에 복합·파생의 비율이 늘어난 것이라고 볼 수 있다.

이 외에 신어 형성법으로는 bus(=omnibus), AIDS(=acquired immune deficiency syndrome), brunch(=breakfast + lunch)와 같은 **단축**(shortening)이라는 방법이 현대영어에서 급속하게 많이 쓰였고, 21세기 현재도 매우 활발하게 쓰이고 있다. 신어 형성을 위한 주된 방법이 시대에 따라 다르기는 해도, 어휘는 늘 증가하고 있었고 그와 동시에 낡은 어휘는 계속 사라지는 신진대사가 활발하게 이루어져, 영어는 풍부한 어휘를 자랑하는 언어로 성장해 왔다.

어휘에 관한 소박한 의문은 제5장에서 다루기로 한다.

1.6 영어의 다양성

우리는 일상에서 아무 생각 없이 '영어'라 부르지만 그것은 고대영어기에서 현대영어기에 이르기까지 다양한 형태로 존재해왔다. 근래에는 Englishes라는 복수형 표현이 쓰이게 되었는데 현실에서는 어느 시대에나 영어는 **Englishes**로 존재해 왔다. 영어가 보여주는 다양한 모습 하나하나를 지칭하는 용어로 **변종**(variety)이라는 용어를 사용하겠다. 예를 들면, 우리가 보통 '미국영어'(American English)라고 부르는 것을 이 용어를 사용하여 표현하면 '미국 변종 영어' 또는 '영어의 미국 변종'(an American variety of English)이라고 할 수 있다.

우리가 보통 '영어'라고 할 때 지칭하는 것은 아마 현대의 '표준 변종 영어'(a standard variety of English)일 것이다. 외국어로서 언어를 배울 때에 사회적 권위가 있고 국제적으로 보다 더 잘 소통되는 변종을 학습 대상으로 선택하는 것은 당연하며, 그 이외의 변종은 염두에 두지 않는 것이 보통이므로, 대부분의 영어학습자의 머리 속에는 사실상 English = a standard variety of English라는 등식이 성립할 것이다.

그러나 이 표준변종이 구체적으로 무엇을 가리키는 것인지가 큰 문제이다. 우리는 그것이 명확한 형태로 존재한다고 생각하며, 실지로 그것을 배우고 있다고 믿고 있지만, 언어의 모든 변종이 그렇듯이 그 윤곽은 확실하지 않다. 표준변종이란 말하자면 이상적인 평균치이며 그것의 완전한 형태를 모국어로 하는 개인은 이 세상에 존재하지 않는다. 그리고 이상적인 평균치를 누가 어떻게 정하는가에 대한 기준도 없으며, 그것에서부터 어느 정도 일탈해야 비표준이 되는지도 명확히 선을 그을 수가 없다. 표준변종뿐 아니라 언어의 모든 변종은 그런 의미에서 픽션이다. 혹시 누군가 어떤 화자 개인의 이름을 딴 변종, 예컨대 세익스피어 변종이나 워싱턴 대통령 변종 같은 것이 존재할 수 있지 않을까 하고 생각할지 모른다. 그러나 그것도 사실은 가공이다. 왜냐하면 같은 사람이 같은 날 말하는 같은 단어의 발음이라도 첫 번째 발음과 두 번째 발음은 미묘하게 다르며, 사용하는 어휘도 때에 따라 늘거나 줄거나 하기 때문이다. 개인 변종조차도 그 윤곽이 정해져 있지 않다.

모든 변종은 픽션이라는 전제하에, 편의상 변종이라는 개념과 용어를 앞으로 계속 사용하기로 한다. 그렇게 하지 않으면 아마도 언어에 대해서 이야기하는 것은 영원히 불가능할 것이다. 사람이나 물건 개수의 평균치가 소수점으로 나타날 때 그것이 실제로는 있을 수 없는 수치라고 하여 그것이 무의미하다고 말할 수 없는 것처럼, 표준 변종이나 미국 변종이 앞에서 말한 대로 픽션이라고 해서 의미가 없는 것은 아니다.

영어는 역사가 시작될 때부터 여러 변종의 집합체로 존재해 왔다. 대륙시대에는 적어도 앵글족, 색슨족, 주트족이 각각의 변종(=방언)으로 영어를 말했을 것이고, 그들은 브리튼 섬으로 건너 와서도 계속 각각의 변종을 사용했을 것이다. 때로는 융합하기도 하고 때로는 분열하기도 하며 영어 변종은 항상 다양성을 유지했을 것이지만, 그래도 서로간의 차이는 '영어'라고 할 수 있는 정도의 범위 안에 있었다.

시대와 더불어 이들 다양한 변종 중에서 어떤 변종이 사회적으로 우세해져서 '표준변종'이라는 이름을 얻게 되었을 것이다. 후기 고대영어에서는 잉글랜드 남서부의 웨섹스 왕국이 정치적으로 우세해져서 그들의 언어인 웨스트 색슨 변종 영어가 표준영어로 인정되었다. 단, 표준변종이라고 해도 어디까지나 약한 의미에서의 '표준'이며, 문어체에서 되도록 지키는 정도였으며 지키지 않는다 해도 사회적 제제를 받는 것은 아니었기에 그것은 엄격한 규범이라기보다는 온건한 관습 정도의 것이었다.

노르만 정복에 의해 영어가 프랑스어에 눌려 저속한 언어로 전락하게 되자 웨스트 색슨 변종도 당연히 표준어 지위를 잃게 되었다. 영어가 중요하지 않은 언어가 되자 그 내부 변종 간의 사회적인 우열 싸움은 의미를 잃게 되었다. 어떤 변종이든 프랑스어에 비하면 가치가 떨어진다는 점에서는 다 마찬가지였다. '표준'이라는 이름에서 해방된 영어의 여러 변종들은 각각 자유분방하게 발달하였고 더욱 새로운 변종으로 분화되어 갔다. 중세영어기는 방언이 꽃핀 시기라고 하는데 이것은 그야말로 핵심을 벗어난 이야기이다.

그러나 후기 중세영어기로 접어들면서 프랑스어에 대한 영어의 지위가 부활하게 되어 대략 3세기만에 영어가 다시 핵심으로 되돌아왔다. 정치적으로 한 나라로 정돈된 이상 표준영어가 정비되어야 한다는 생각은 당연한 것이었다. 그 때 표준어 후보로 거론 된 것이 정치·경제·문화의 중심지였던 런던의 주요 인사들이 말하고 쓰던 변종이었다. 그로부터 근대영어기에 이르기까지 수 세기에 걸쳐 런던 변종을 기반으로 하면서 다른 변종의 여러 요소들을 받아들인 새로운 변종이 발달하여 표준어로 인정받게 되었다. 단, 이러한 표준화 과정은 매우 완만하게 이루어졌는데, 이에 발맞추어 다른 지방 화자들이 모두 표준변종을 사용하게 된 것은 아니었다. 오히려 사람들은 변함없이 그들 지역에서 사용하는 전통적 변종을 계속 사용하였으며, 공식적인 경우, 특히 공식 문서 등에서만 의식적으로 표준변종을 사용하는 정도였다. 표준변종은 사회적으로 눈에 띄는 변종이기는 하지만, 그 그늘에서 다른 변종들도 일상적으로 많이 쓰이고 있는 것은 예나 지금이나 변함이 없다.

초기 근대영어에 들어서 드디어 표준화가 본격적으로 진행되었다. 그에 따라 표준변종의 권위가 높아지고 상대적으로 비표준변종의 가치는 하락하게 되었다. 즉, 이 시기는 근대국가로 다시 태어난 영국이 대외적 긴장 속에서 국내적 규범을 강하게 추구했던 시대였기 때문이다. 17세기 후반 왕정복구시대에는 방언 사용이 조소의 대상이 되었고, 18세기에는 죠나단 스위프트(Jonathan Swift), 새뮤엘 존슨 등 표준화 추진파 문인들이 활발하게 활동함에 따라 방언 사용은 혐오의 대상으로까지 여겨졌다. 18세기 후반에서 19세기에 걸쳐서 규범주의의 힘을 업고 표준변종의 지위는 더욱 높아졌으며, 반대로 비표준변종의 지위는 더욱 떨어졌다. 그리고 1881년의 교육법, 1921년 BBC 설립과 더불어 표준변종 교육이 더욱 강력하게 추진되어 방언 사용은 수치스러운 것이라는 이미지가 고정화되었다. 표준변종을 추구하는 긴 과정 속에서 방언은 조소, 혐오, 억압의 대상이 되었고, 차별의식과 콤플렉스를 만들어내었다. 그 역사의 상처는 21세기 현재도 사람들의 마음 속에 남아있다. 그러나 방언 차별이 있다는 것은 역으로 생각하면 영어가 표준변종 일변도가 되지 않고 항상 다양성을 유지해왔다는 증거이다.

초기 고대영어	표준어 부재
후기 고대영어	웨스트 색슨 방언을 기반으로 한 온건한 표준어 성립
초기 중세영어	표준어 부재
후기 중세영어	런던 방언을 기반으로 표준화가 시작되다
초기 근대영어	표준어 확립
후기 근대영어	표준어가 규범으로 확립

17세기 이후 영어는 미국영어를 비롯하여 세계 여러 지역으로 이식되어 각 지역에서 새로운 변종으로 끊임없이 발달해 왔다. 근현대 영어의 다양화는 영어의 역사가 시작된 이래로 전대미문의 현상이다. 또 각각의 변종 내부에서 로컬한 표준변종이 발달하고 있는 것이 현실이며, 이런 점에서 현대에는 여러 종류의 표준영어(standards of English)가 존재한다고 볼 수 있다.

현대에는 국제적 소통을 위해서 하나의 이상적인 '세계 표준변종 영어'를 주장하는 목소리도 높지만, 앞서 이야기했듯이 오히려 영어는 점점 다양화하고 있는 것이 현실이다. 영어라는 언어에 작용하고 있는 구심력과 원심력의 밀고 당김은 미래에 어떤 모습으로 나타나게 될까? 지금까지 영어가 다양했듯이 앞으로도 계속 다양할 것이라고 필자는 예상하지만, 이 질문에 대한 답변은 미래의 영어사 연구자들에게 맡기고 싶다.

본 절에서 다룬 영어의 다양성이나 영어와 사회에 관련된 소박한 의문은 제6장에서 다루기로 한다.

제2장

발음과 철자에 관한 소박한 의문

Pronunciation & Spelling

2.1 왜 *a apple이 아니라 an apple인가?
— 두 종류의 부정관사

2.1.1 모음 연속을 피하는 경향?

영어 학습 초기단계에서 부정관사에는 a와 an이 있다는 것을 배우게 된다. 그 사용법에 대해서 '기본은 a인데 뒤따라오는 단어가 모음으로 시작될 경우에 an을 사용한다' 라고 설명한다. 따라서 a book, a pen, a room, a student, a watch 등과 대조적으로 an apple, an island, an orange, an uncle 등이 된다.

여기서 주의할 점은 an이 사용되는 단어의 조건은 '모음' 으로 시작된다는 것이지 '모음자' 로 시작되는 것이 아니라는 점이다. 예컨대, hour [áʊə], MP [èmpíː], X-ray [éksrèɪ] 등은 '모음자' 로 시작되지는 않지만 발음상으로는 '모음' 으로 시작되므로 선행하는 부정관사는 an이 된다. 역으로, one-off [wʌ̀nɔ́ːf], unicorn [úːnɪkɔ̀ːn], usage [júːsɪʤ] 등은 '모음자' 로 시작되나 발음상으로는 '모음' 으로 시작되지 않으므로 부정관사 a를 취한다. 또한, 뒤에 오는 단어가 꼭 명사일 필요는 없으며, an intelligent person, an awfully hansome boy, an on-the-spot repair 등에서 보이듯이 다른 품사가 쓰일 경우에도 똑같이 적용된다는 점에 유의해야 한다.

a와 an의 사용 방법은 위에서 기술한 바와 같은데, 문제는 왜 이와 같은 구분이 생겼는가 하는 것이다. 일반적으로는 모음으로 시작되는

단어 앞에서 a가 아닌 an이 사용되는 것은 영어에서 발음하기 어려운 모음연속을 피하려는 경향 때문이라고 설명하는 경우가 많다. 예를 들어, apple은 모음 [æ]로 시작하는데 여기에 부정관사 a를 붙이면 [ə ǽpl]이 되어 모음 연속이 생긴다. 이러한 모음연속은 발음하기가 어려우므로 이를 피하기 위해 [n]을 사이에 삽입하여 발음하기 쉬운 [ən ǽpl]을 만들게 된다는 것이다.

그러나 이 설명에는 납득하기 어려운 점이 몇 가지 있다. 첫째로, 모음 연속은 그 정도로 발음하기가 어려운 것일까? 한국어 모국어화자의 감각으로는 모음 연속이 발음하기 어렵다고 여겨지지 않으며, 영어에서도 모음연속이 결코 드물게 나타나지 않는다. 예컨대, two apples [tù: ǽplz]이나 [θrì: ǽplz]에서도 단어 간에 모음 연속이 나타나며, 정관사나 일인칭 단수 소유격 대명사의 경우에도 the apple [ði ǽpl], my apple [màɪ ǽpl]과 같이 모음 연속이 보인다. 확실히 영어에서 모음 연속을 피하는 경향이 있다는 것이 음운이론에서 나름대로 지지받고 있긴 하나, 왜 유독 부정관사의 경우에 그 경향이 두드러지는가에 대한 설명으로는 부족한 것 같다.

둘째로, 설사 모음연속회피설을 받아들인다 해도 왜 연결음이 n이어야 하는가? n 대신에 p나 s나 w를 사용하여 *ap apple, *as apple, *aw apple과 같이 해도 같은 효과를 얻을 수 있는데(언어학에서의 관습으로, 있을 수 없는 표현이나 어형이라는 것을 표시할 경우에 *를 앞머리에 붙인다.) 왜 하필이면 n이라는 자음이 선택되었는지에 대한 설명이 필요하다.

이와 같은 두 가지 의문에 대하여 역사적 관점에서 접근하면 쉽게 해결된다. '기본은 a인데 뒤에 오는 단어가 모음으로 시작되는 경우에

an을 사용한다'라는 앞의 설명에 대한 발상을 뒤집어서 '기본은 an 인데 뒤에 오는 단어가 자음으로 시작되는 경우에 a를 사용한다'라고 생각하는 것이 좋다. 어원을 생각하면 apple 앞에 a가 아닌 an을 사용하는 것에 대해서 어떤 설명도 필요없다. 즉, '하나의'를 뜻하는 부정관사 a(n)은 역사적으로 수사 one의 약형에 불과하며, 원래부터 어미에 n을 지니고 있었기 때문이다. one에 n이 있는 이유를 설명할 필요가 없듯이, 부정관사 an에 n이 있다는 것도 전혀 설명할 필요가 없다. 오히려 a pen과 같이 n이 붙지 않는 부정관사 a의 기원과 용법에 대한 설명이 필요하다. 역사적으로는 '왜 모음으로 시작되는 단어 앞에 n이 붙는가'가 아니라 '왜 자음으로 시작되는 단어 앞에 n이 붙지 않는가'라는 질문이 중요하다.

2.1.2 자음 앞에서의 n 탈락

수사·강형으로서의 one과 부정관사·약형으로서의 a(n)은 중세영어 이후 명확히 구분되기 시작했다. 부정관사 중에서도 보다 강한 형태로서의 an과 보다 약한 형태로서의 a가 구별되었으며, 처음에는 단순히 의미상·형태상의 강약 관계에 불과했을 것이지만, 점차 음운 환경이라는 별도의 원리에 따라 용도가 나뉘게 된다. 즉, 뒤따라오는 단어가 자음으로 시작될 때에는 자음연속을 피하기 위해 n이 탈락된 a를 종종 사용하게 되었다. 뒤따라오는 단어가 모음으로 시작되는 경우에는 발음상의 연결이 부드러우므로 특별히 탈락은 일어나지 않고 그대로 an이 사용되었다. an이 지닌 n은 '모음연속회피' 설이 주장하는 것과 같은 '적극적인 첨가'가 아니라, 역사적으로는 '소극적인 비탈락'이었던 것이다. 따라서 오히려 a의 형태를 '자음연속회피'의 결과라고 설명하는 편이 더 타당한 것처럼 여겨진다.

물론 본 절 서두에서 '모음 연속이 그토록 발음하기 어려운 것인가'라고 하며 '모음연속회피'설을 비판했던 것이 '자음연속회피'설에도 그대로 적용되기는 한다. 자음연속은 영어에서는 흔히 있는 현상이며 전혀 이상한 일이 아니기 때문이다. 그러나 아무리 자음연속회피라는 요인이 그리 강하게 작용하지 않았다 할지라도 의미적으로 약한 부정관사에서 원래의 어형이 약화되는 경향, 이 경우에는 어말음이 탈락하는 경향이 있었다는 것은 중요한 요인이었을 것이며, 이 두 요인이 결합하여 최종적으로 자음 앞의 n이 탈락했을 것이라 여겨진다.

이는 거의 같은 길을 걸어 온 또 하나의 어휘에서도 근거를 찾을 수 있다. 고대영어 1인칭 단수 대명사 소유격형 mīn은 어미에 n을 지니고 있었다. 훗날 자음 앞에서 n이 탈락하여 mi가 생겨났으며, 근대영어기까지도 여전히 mine apple과 my pen으로 구분되어 사용되었다. 단, 이 경우에는 부정관사와는 달리 어형의 분화와 더불어 용법도 분화되어 현대어에서는 my는 소유격 '나의', mine은 소유대명사 '나의 것'이 되어 역할을 달리하게 되었다. 이 외에도 현대 표준영어에는 남아있지 않지만 전치사 in이나 on 등의 어미 n도 뒤따라오는 어휘가 자음으로 시작되는 경우에는 탈락되는 일이 중세영어에서는 일상적으로 흔한 일이었다. 부정관사, 대명사, 전치사와 같이 보통 강세가 주어지지 않는 약한 어휘류에서 자음으로 시작하는 어휘 앞에서 n이 탈락하는 일은 영어사에서 빈번하게 있었던 현상인 것이다.

2.1.3 공시적 설명과 통시적 설명

본 절에서는 '왜 an apple 인가?' 라는 의문에 대하여 일반적으로 제시하는 설명, 즉 '기본은 a 인데 뒤따르는 어휘가 모음으로 시작하는 경우에 an 을 사용한다' 라는 발상을 뒤집어서, 역사적인 관점에서 '기본은 an 인데 뒤따르는 어휘가 자음으로 시작하는 경우에는 a 를 사용한다' 라는 답변을 제시하였다. 이는 현대영어를 바라보는 공시적인 관점과, 역사적인 흐름 속에서 현대영어를 바라보는 통시적인 관점이 크게 다른 예로서 그 시사하는 바가 매우 교훈적이다.

여기서 **공시태**(synchrony)와 **통시태**(diachrony)의 대립에 대하여 설명하고자 한다. 근대언어학을 창시한 소쉬르의 언어사상에 의하면, 시간 축 상의 일정 면에서의 언어 상태를 공시태라고 하며, 시간의 작용을 일단 무시하고 그 정태적 사실을 관찰·기술하는 연구를 공시언어학이라고 한다. 이에 대하여 여러 시대의 각 단계에서 기술된 언어의 공시적 단면끼리를 비교하여 그 사이에 생긴 변화를 추적해 가는 연구가 통시언어학이며, 여기서 연구대상이 되는 변화가 통시태이다. 소쉬르에 의하면 이 두 관점은 전혀 상통하지 않으며 완전히 대립한다. 그것은 마치 나무를 자르는 두 가지 방법과도 같다. 그 중 하나는 나무를 수평으로 잘라서 나이테가 나타나는 단면을 관찰하는 것이고, 또 다른 하나는 수직으로 잘라서 시간 축에 따른 나무의 성장을 관찰하는 것이다. 이것을 Aitchison(2001:38)을 참조하여 그림으로 표시하면 다음과 같다.

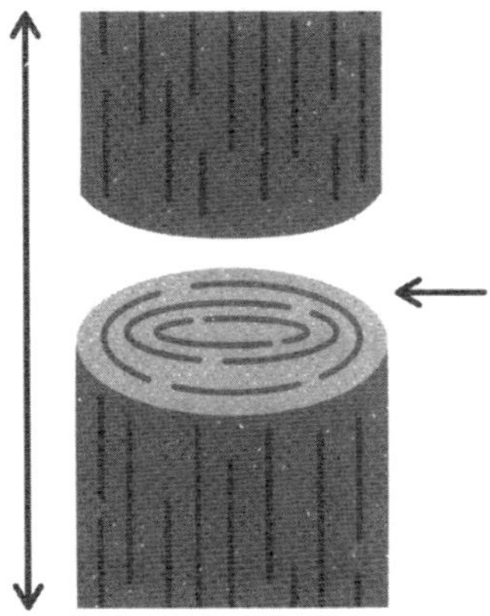

필자는 부정관사 문제에 대하여 공시태와 통시태 중 어느 관점이 맞고 틀리다고 주장할 생각은 없다. 실제로 이 문제에 대해서는 공시적 해석이 더 경제적인 기술일 것이다. 기본형은 a 이고 모음 앞에서만 예외가 발생한다고 가정하는 편이 예외 발생률을 낮출 수 있어서 교육이나 학습상 효과가 높다. 역으로, 후자의 통시적 관점에 따라 기본형은 an 이며 자음 앞에서 예외가 발생한다고 가정하면 예외가 너무 많아져서 기술방법으로는 효율성인 낮다. 영어교육 현장에서 전자의 설명을 버릴 이유는 없다.

	a를 기본형으로 하는 공시적 설명의 설명력	an을 기본형으로 하는 통시적 설명의 설명력
연결 자음의 필요성	중	중
연결 자음이 n이라는 점	저	고
설명의 경제성	고	저

공시적 관점과 통시적 관점 중 어느 설명이 '더 옳은지'는 결정할

수 없으며 그것은 질문할 수도 없는 문제이다. 각각의 관점이 모두 옳다. 오히려 하나의 현상을 양쪽 시각에서 바라볼 수 있다는 것이 중요하며, 가끔 양쪽 해석이 상반되는 것처럼 보이기 때문에 놀라움과 새로운 발견이 생겨 가치가 있다. 가로와 세로의 두 시점을 합침으로써 무심히 지나쳤던 소박한 문제에 새로운 빛이 비추어, 현상을 더욱 깊이, 그리고 무엇보다도 재미있게 이해할 수 있게 된다. 이러한 깨달음이야말로 영어사의 묘미라 할 수 있다.

2.2 왜 명사는 récord인데 동사는 recórd인가?
— 명전동후(名前動後)의 강세패턴

2.2.1 명전동후(名前動後)란?

현대 영어 단어의 강세위치는 예상할 수 없는 것이 많다. 그래서 올바른 위치를 암기하지 않으면 안 된다. 세계 여러 곳에서 사용되는 각종 영어 변종에서는 비표준적인 강세위치를 보이는 경우도 많아서 그리 예민하게 생각할 필요는 없다고 생각할 수도 있지만, 역사적으로는 강세 위치 역시 영어라는 언어체계의 일부를 구성해 온 중요한 요소이므로 결코 무시할 수 없다. 언어에서 강세는 본질적으로 대비의 기능을 지닌다. 발화 중에 상대적으로 중요한 요소가 존재한다는 것을 알게 하는 작용을 하며, 그것이 메시지 분석을 용이하게 해 준다.

현대영어에서는 단어에 따라서 강세위치가 각양각색이지만, 원래 영어는 여타 게르만어계 언어들과 마찬가지로, (접두사가 붙는 경우를 제외하고는) 항상 제1음절에 강세가 있었다. 그러나 특히 중세영어 이후에 제2음절 이하에 강세를 두는 프랑스어나 라틴어 단어들이 대량 차입되면서 새로운 강세유형을 지니게 되어 원래의 강세제1음절의 원칙이 흔들리게 되었다. 그러한 흥미로운 결과 중 하나로서 똑같은 어형이면서 명사로 쓰일 경우에는 제1음절에, 동사로 쓰일 경우에는 제2음절에 강세가 오는 형태가 출현했다. 즉, **'명전동후(名前動後)'** 라고 불리는 어휘류이다. accent, addict, combat, concert, contrast, convert, decrease, discard, discount, exile, export, finance, import, increase, object, permit, protest, record, reject, transport 등 다수의 예가 있으며, 그 대부분이 프랑스어·라틴어로부터의 차용어이다.

'명전동후'라고 이름을 붙이고 거기에 속한 예들을 보니, 마치 이것이 영어 강세에 관한 '규칙'인 것처럼 보일지 모르나, 2음절어 전체를 놓고 보면 명사든 동사든 강세가 제1음절에 놓이거나 혹은 제2음절에 놓이는 '명전동전'이거나 '명후동후'인 단어들이 압도적으로 많다. cómfort, áccess, póison, súrface; efféct, retúrn, suppórt, accóunt 등이 그 예이며 사실 명전동후인 단어들은 소수에 불과하다.

명사이기도 하고 동사이기도 한 2음절어를 사전에서 찾아내어 강세위치에 따라 분류해 보면 각각의 유형에 속하는 단어의 수는 다음과 같다(Sherman, "Noun-Verb Stress Alternation: An Example of the Lexical Diffusion of Sound Change in English"를 근거로 하여 작성. 나중에 설명할 것인데, 필자가 최근 조사한 바에 따르면 현재 명전동후의 수는 235 단어로 늘어났다.)

명전동전: 950(72.24%) (prómise – prómise)	명후동전: 0(0%) 예 없음
명전동후: 150(11.41%) (récord – recórd)	명후동후: 215(16.35%) (resúlt – resúlt)

2.2.2 16세기 이래 어휘 확산

앞에서 명전동후 유형이 소수에 불과하다는 것을 살펴 보았는데, 그렇다면 각 조합이 왜 이러한 분포를 보이는 것일까?

역사적으로 보면 명사와 동사 양쪽으로 쓰이는 단어의 강세 패턴은 변화되어 왔다. 이러한 명전동후 패턴은 중세영어기에는 없었는데 근대영어기에 들어 16세기 후반 쯤부터 종종 나타나기 시작하여 현대에 이르기까지 서서히 확대되었다. 1570년 문헌에 처음으로 outlawe, rebel, recorde(당시의 철자로)의 세 단어가 명전동후 유형으로 나타나기 시작하여 각 세기마다 몇 개인가의 새로운 단어들이 명전동후 유형으로 추가, 확대되어 그 조류는 현재에도 계속되고 있다. 새로운 명전동후가 된 단어는 그 이전에는 명후동후 유형이었던 것들이 매우 많으며, 이 유형이 명전동후의 주요한 공급원이 되었음은 의심할 여지가 없다. 사실 변화의 방향이 '명후동후 → 명전동후'만 있는 것은 아닌데, 예를 들어 명전동후 제 1호였던 outlaw는 그 후에 명전동전 패턴

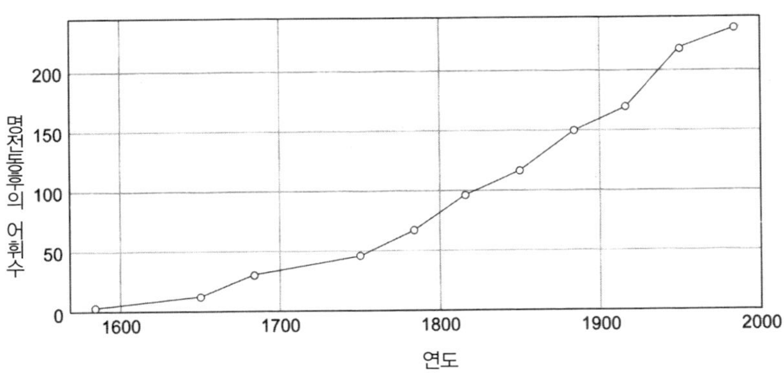

Hotta, "Diatonic Stress Shift in Modern English"에서 인용

으로 바뀌어 현재는 명사 동사 모두 óutlaw 이다. 그러나 이와 같은 예는 예외라고 할 수 있으며, 커다란 경향으로 볼 때 이 4세기 반 동안에 명전동후로 가는 흐름이 현저했다. 위에 보이는 것은 명전동후 패턴을 보이는 단어가 근현대영어기를 지나면서 얼마나 증가했는가를 표시하는 그래프이다.

2.2.3 명전동후 확대의 배경

역사적인 문제의식으로는 왜 명전동후가 선호되었으며 또한 왜 16세기 후반에 그러한 경향이 출현하였는가 하는 것이 중요하다. 우선 전제로서 본 절 첫 부분에서 언급했듯이, 계통적으로 게르만어계에 속하는 영어에서는 원래 약한 접두사가 붙는 경우를 제외하고 단어의 강세는 품사에 관계없이 원칙적으로 제1음절에 온다. 그러나 매우 제한된 단어에서이기는 하나 이미 고대영어기 시점에서 2음절어의 경우 명사에서는 제1음절에, 동사에서는 제2음절에 강세가 오는 패턴의 원형은 존재하고 있었다. 그 예로서, 고대영어의 명사 ándgiet 'understanding' 에 대한 동사 ongíetan 'to understand' 의 단어쌍을 보겠다(고대영어에서는 같은 어근이라도 명사와 동사가 형태적으로 완전히 일치하지는 않았다는 점에 주의). 고대영어보다 더 앞선 시대에 접두사 and/on이 첨가되는 시점이 명사와 동사가 서로 달랐을 것으로 여겨지며, 그것이 우연히도 강세 위치의 차이로까지 귀결된 것으로 해석할 수 있다. 이와 같은 고대영어의 단어쌍이 근대영어에서 발전한 명전동후 패턴에 직접적 모델이 된 것은 아니지만, 적어도 이러한 패턴이 역사상 존재했었다는 사실은 염두에 둘 필요가 있다.

다음으로, 하나의 단어가 같은 형태를 지니면서 명사가 되기도 하고 동사가 되기도 한다는 영어의 특수한 상황을 고려할 필요가 있다. 본래 어떤 품사에 한정되어 있던 어휘가 다른 품사로도 사용되는 과정을 **품사전환**(conversion)이라고 한다. 이러한 과정이 본격적으로 나타나기 시작한 것은 후기 중세영어기 이후이다. 고대영어부터 초기 중세영어까지는 앞서 예시한 ándgiet/ongíetan과 같이 동사(의 원형)에는 -an 등의 어미가 붙었기 때문에 적어도 그 점에 있어서 명사와 형태가 완전히 일치할 수가 없었다. 그런데, 중세영어기로 갈수록 여러 어휘류에서 어미의 약화가 일어나고 동사에서도 -an과 같은 어미가 약화하여 최종적으로는 소실되고 만다. 드디어 동사와 명사가 사실상 동일한 형태가 된 것이다. 이런 이유로 후기 중세영어기 이후 품사전환이 매우 용이하게 되어 그 숫자가 극적으로 증가하게 된다. 이 시기에 훗날 명전동후의 후보가 되는 명사 겸 동사로 쓰이는 어휘들이 많이 나타나게 되었다.

2.2.4 새로운 강세 패턴의 개입

마찬가지로, 간접적으로 명전동후와 관련있는 커다란 현상이 중세영어기에 발생하였는데, 그것은 바로 프랑스어나 라틴어로부터 대량의 어휘를 차용한 것이다. 실제로 앞서 언급한 명전동후의 대부분은 이들 언어로부터의 차용어이며, 훗날 명전동후가 될 후보를 공급했다는 점에서 중요하다. 더 중요한 것은 이러한 로맨스어계 어휘의 차용 때문에 게르만어계의 영어답지 않은 강세 패턴, 다시 말해서 제2음절(이하)에 강세가 오는 패턴이 영어 역사상 처음 본격적으로 도입되었다는 점이다. 로맨스어계 어휘에서는 '강세는 단어 끝에서부터 세어 몇 번째 음절'과 같은 방식으로 강세 위치를 정하는 규칙이 있으며, 2음절어에서는 제2음절에 강세가 오는 경우가 적지 않았다. 여기에서, 강세가 제1음절에 온다고 하는 본래의 게르만적 원칙(Germanic Stress Rule)과 강세가 제2음절 이하에 온다고 하는 새로운 외래 규칙(Romance Stress Rule)이 충돌하는 계기가 생겨났다. 단순하게 말하면, 2음절어(특히 로맨스어계 차용어)의 강세 위치는 원래 있었던 음절에 있어도 되는 상황이 발생한 것이다. 그렇다고 해서 강세 위치가 완전히 제멋대로인 것은 아니었다. 많은 차용어에서 차용 원언어의 강세 패턴에 따라 명사·동사에 상관없이 제2음절에 강세가 위치한 데 반해, 그 이외의 단어에서는 역으로 본래 영어식을 따라 명사·동사에 상관없이 강세가 제1음절에 놓여 발음되었기 때문에, 동형의 단어일 경우에는 강세 위치가 같다는 점에서 일관성이 있었다.

그런데 여기서 새로운 변수가 생겨났다. 명사 겸 동사로 쓰이던 단어가 품사를 명시하기 위해서인지 강세위치를 달리하여 사용되기 시작한 것이다. 보통 아무리 형태가 같다고 할지라도 명사인지 동사인지는 통사적 환경에 의해 확실히 구분되므로 혼동될 우려는 없다. 따라서 어형상의 구별을 위해서라는 동기는 다소는 맞을지 몰라도 그다지 설득력 있어 보이지 않는다. 실제로 현재도 명전동전이나 명후동전을 보이는 단어들이 많다. 그러나 어형상의 구분이 있는 것은 좋은 일이며, 적어도 그러한 방향으로의 변화를 저해할 요인은 없다. 또,

영어에서 일반적으로 명사는 어두에 보다 가까운 곳에, 동사는 어미에 보다 가까운 곳에 제1강세가 위치하는 경향이 있다는 것이 음운론에서 어느 정도 인정되고 있는 실정이므로, 영어에서 명전동후로의 변화의 압력은 약하나마 항시 조금씩 작용하고 있었다고 여겨진다.

이상과 같이 개별 역사적 경위와 일반적인 언어적 경향이 복합적으로 작용하고 모든 요인들이 상호작용하여 16세기 후반이라는 시기에 명전동후 제1호를 출현시키게 되지 않았을까 생각된다. 특히, 어미의 약화·소실에 의해서 품사전환이 용이해지고 2음절어 명사·동사 겸용어와 새로운 강세 패턴의 도입에 공헌한 로맨스어계 어휘의 대량 차용이 이루어진 것은 후기 중세영어에서 초기근대영어에 걸친 시기에 일어났으며, 이는 왜 16세기 후반이라는 시기에 명전동후가 시작되었는가에 대한 의문에 대하여 커다란 해결의 실마리를 던져주고 있다.

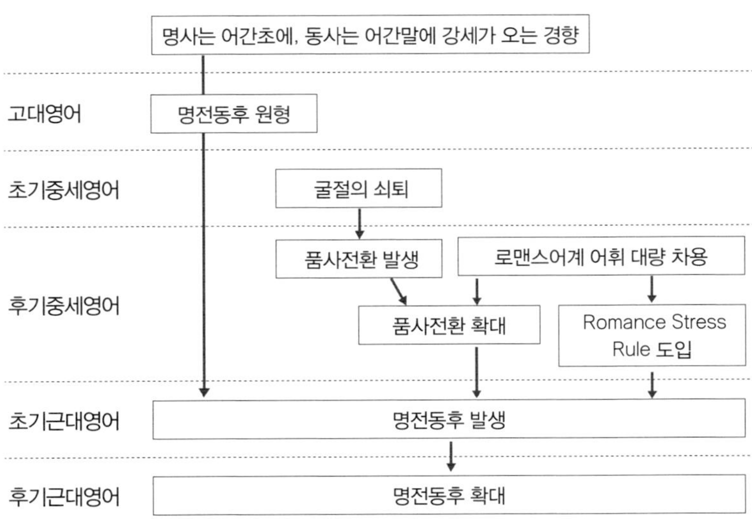

2.2.5 현재는 통과 지점

일단 명전동후가 시작되자 서서히 이러한 흐름에 따르는 단어들이 증가하게 되었다. 앞의 그래프에서 보인 바와 같이 처음에는 천천히 증가하고 있지만 어느 정도 단계에 접어들면 증가 속도가 빨라지면서 궤도에 오르게 된다. 그런데 사실 그렇다 해도 4세기에 걸쳐서 겨우 235 단어 정도에 달하는 속도이다. 현재는 확실히 이 커다란 흐름 속에 있는 듯 하며, 앞으로도 계속 명전동후는 확대될 것으로 예상된다. 그 주된 공급원은, 앞에서도 언급했듯이, 현재 명후동후 패턴을 보이고 있는 단어들일 가능성이 높다. 구체적으로는 다음에 열거하는 어군이 포함된다.

account, advance, amount, appeal, approach, arrest, attack, attempt, award, concern, control, debate, decline, demand, design, desire, disease, display, dispute, divide, effect, employ, escape, exchange, express, mistake, reform, regard, release, remove

이들 단어 중 어느 것이 다음으로 명전동후가 될지는 알 수 없다. 또, 언제 명전동후가 완료될지, 다른 패턴이 명전동후의 공급원이 될 수도 있는 것인지, 또는 중간에 이러한 경향 그 자체가 소멸할 가능성은 있는지 등에 대해서는 알 수가 없다. 다른 사회현상과 마찬가지로 언어변화에 대한 엄밀한 예측은 불가능하며, 또한 그것은 영어사에서 다루어질 과제가 아니다.

오히려 본 절에서 주장하고 싶은 것은 현대영어에서 관찰되는 언어학적인 상황(이번 경우에는 강세 위치 조합 패턴의 분포)이 복잡 다양한 역사적 요인들이 작용한 결과 나타난 모습이라는 점이다. 그리고 적지 않은 경우에서 그와 같은 요인들은 현재도 작용하고 있으며, 따라서 현재의 상황은 결과라기보다는 과거에서 미래로 지속되는 커다란 흐름 중의 한 통과 지점이라고 여겨진다. 그 통과 지점이 어쩌다가 21세기 초인 현재의 상황인 것이며, 우리는 그것을 관찰하고 있는 것뿐이다. 현재 시점은 이러한 변화의 최종 목적지도 아니며 시발점도 아니다. 늘 이러한 입체적 시각 — 역사언어학적인 관점 — 으로 언어현상을 보면 현재 상황을 보다 더 잘 이해할 수 있게 되며, 나아가서 새로운 시야가 열리는 느낌을 경험하게 되어 영어사가 더욱 재미있어진다.

2.3 왜 often의 t를 발음하는 사람이 있을까?
— 발음과 철자의 관계

2.3.1 철자발음

often이라는 단어는 영국영어에서는 전통적으로 [ɒ́f(ə)n]이라고 발음되지만 [ɒ́f(ə)tn]과 같이 [t]를 발음하는 경우도 종종 들린다. 미국영어에서도 마찬가지로 [t]를 발음하는 경우가 더러 있다.「롱맨 발음사전」에 의하면 , 많은 화자들이 [t]를 읽지 않는 발음과 읽는 발음을 양쪽 다 지닌다고 한다. 그러나 영국영어와 미국영어에서의 설문조사 결과에 의하면, 양쪽 영어에서 모두 [t]를 발음하는 경우가 전체의 1/4 정도로, 소수가 발음하는 이형태인 듯 보인다.

전통적인 발음 [ɒ́f(ə)n]에 [t]를 첨가하게 된 이유는 명백하다. 철자에 <t>가 포함되어 있기 때문에 발음도 그것에 맞추려는 의식이 작용했기 때문이다. 이와 같이 되도록 철자에 충실하게 발음하려고 해서 생겨난 발음을 **철자발음**(spelling pronunciation)이라고 한다. '쓰여 있으니 읽는다'고 하는 솔직한 발상에 기반을 둔 발음 변화이다. often은 현대영어에서 많이 볼 수 있는 철자발음의 대표선수라고 할 수 있다.

다른 철자발음의 예로서 accomplish의 제2음절에 있는 모음을 들 수 있다. 이 단어는 종래에는 [əkʌ́mplɪʃ]라고 발음되었으나 근래 미국영어에서는 [əkɒ́mplɪʃ]라고 발음된다. 철자 <om, on>에 대한 발음은 some이나 company에서 보이듯이 일반적으로 [ʌ]로 발음되었는데, Tom이나 pond 등의 [ɒ] 발음으로부터의 유추에 의해 이와 같은 변화가 생겨났다.

often과 accomplish는 철자발음의 종류가 다르다. 각각의 유형별 예를 더 들어 보겠다.

(1) often과 같이 묵음이었던 것이 철자대로 발음되는 경우

단어	종래의 발음	철자발음
forehead	[fɒ́rɪd]	[fɔ́:hed]
suggest	[sədʒést]	[səgdʒést]
towards	[tɔ́:dz]	[təwɔ́:dz]

(2) accomplish와 같이 유사한 철자를 지닌 다른 단어로부터의 유추에 의해 발음이 변화하는 유형

단어	종래의 발음	철자발음
ate	[et]	[eɪt]
clerk	[kla:k]	[klɜ˞:k]
nephew	[névju:]	[néfju:]

위에서 든 예는 종래의 발음에서 철자발음으로 변화하고 있는 중인 통시적 과정을 보이고 있는데, 한편으로는 지역 변종간의 차이를 보여주는 측면도 있다. 종래의 발음이 영국 발음이고 철자발음이 미국 발음인 경우가 많다. 영국영어와 미국영어의 대비는 특히 지명에서 잘 나타난다. 양국에 같은 철자의 지명이 있는 경우, 영국영어에서는 역

사와 전통에 의해 생겨난 예측하기 어려운 발음이, 미국영어에서는 있는 그대로의 철자발음이 생기는 경우가 많다. 그러나 근래 들어서는 영국영어도 미국영어의 영향을 받는 경우가 많아져서 전체적으로 철자발음이 서서히 강세를 보이는 경향이 지속될 것으로 여겨진다.

단어	영국 발음	미국 발음
Derby	[dɑ́:bi]	[dɝ́:bi]
Eltham	[éltəm]	[élθəm]
Greenwich	[grínɪdz]	[gri:nwɪʧ]
Thames	[témz]	[θéɪmz]

2.3.2 often의 기원과 발달

often이 철자발음의 대표선수로서 자주 예로 등장하는 것은 이것이 고빈도어로서 화제에 올리기 쉬운 이유도 있겠지만, 이 예는 영어사의 관점에서 보더라도 매우 흥미롭다. [t] 삽입은 철자발음 원리에 근거한 것으로 현대 영어에서는 그리 특이한 현상이라고 여겨지지 않을지 모르나, 실제로 [t]의 유무에 대한 혼란은 soften, swiften 등의 예와 더불어 근대영어기로부터 시작된다. 역사적 경위를 보면, 17세기에는 표준영어에서 [t] 발음이 확립되어 있었으며, 18,19세기에는 [t]를 발음하지 않는 형태가 보통의 경우가 되었고, 최근 다시 [t]가 부활하게 되었다. often이 처음 생겨난 것은 13세기이며, 당초에는 문자 그대로 [t]가 발음 되었으므로, 이 단어의 역사로 보면 [t]가 발음된 기간이 더 길다. 생각해 보면, <t>라고 쓰여 있으므로 [t]를 발음하는 것은 사실 자연스러운 현상이다. 18세기 이후 [t]를 발음하지 않는 [ɒ́f(ə) n]이 우리에게 친숙하게 된 것이 오히려 부자연스러운 일이라 할 수 있다.

영어사의 어느 단계에서인가 [t]가 발음되지 않게 된 것은 세 자음이 연속될 경우에 가운데 자음이 탈락한다는 영어발음의 일반적인 경향과 일치하는 현상이다. 예컨대, castle, Christmas, listen, soften 등에서는 <t>가 쓰여 있어도 [t]는 발음되지 않는다. 화자의 발음의 편이를 우선으로 한다면 [t] 탈락은 일어나기 쉬운 현상으로 보이나, 발음과 철자를 일치시키고 싶은 욕구를 우선으로 한다면 [t]는 보존되거나 혹은 부활되는 방향으로 갈 것이다. 즉, often의 [t]가 발음되기도 하고 안 되기도 하며 갈팡질팡 해 온 역사는 어떤 의미에서는 화자의 이성과 생리의 경쟁의 역사라고 할 수 있다.

앞서 현대영어에 나타나는 often의 [t] 탈락 혹은 부활에 대한 문제는 이 단어가 역사적으로 세 자음 연속을 포함하고 있다는 점에 단서가 있음을 언급하였다. 그러나 그러한 세 자음 연속을 지니게 된 것도 역사적 과정의 결과였다. 즉, 원래 이 단어에는 -en이라는 어미는 붙어있지 않았으며, 따라서 세 자음 연속의 어미를 구성하는 [n]은 원래 존재하지 않았기 때문이다. 다시 말해서, 이 문제는 궁극적으로는 어미 n의 기원에 대한 문제에 다다르게 한다.

확실하지는 않지만 이 n의 기원에 대한 어떤 학설을 소개하고자 한다. 고대영어에서 '가끔'이라는 의미의 부사는 oft 이다. 이 때 어미 -en은 아직 붙지 않은 상태이다. 이것은 게르만 제어에서도 대응어를 찾아 볼 수 있는 매우 오래된 형태의 단어이다. 중세영어에서는 부사어미 -e가 붙은 ofte도 나타났으며(oft 만으로도 이미 부사이기는 했으나),

16세기 후반까지 두 가지 형태가 모두 남아 있었으나, 현대에까지 남아 있는 형태는 본래의 oft이다. 현대에서는 oft가 고어·시어로 사용되는 외에도 ofttimes나 oft-told, oft-quoted 등의 복합어를 구성하는 요소로도 사용된다.

often, oftin 등의 형태에서 어미 -n이 출현한 것은 13세기이다(일반적이 된 것은 16세기 이후). 부정관사 an과 a의 구분과 마찬가지로, 모음으로 시작되는 단어 앞에서는 often이, 자음으로 시작되는 단어 앞에서는 ofte가 구분되어 사용되고 있었음을 쵸서 등의 작품에서 볼 수 있는데, 잉글랜드 북부 방언에서는 보다 더 이른 단계에서 뒤에 오는 단어의 첫소리가 무엇이든 상관없이 oftin이 사용되었다. -en이 첨가된 계기로는 의미적으로 관련이 있는 selden 'seldom'에서 유추되었을 가능성이 있다. 이들은 빈도를 나타내는 부사라고 하는 공통점이 있어서 충분히 유추의 대상이 되었으리라 여겨지며, 이러한 설명은 설득력이 높다. 또한 selden 자체는 hwilum 'whilom' 등의 복수 여격형에서 유래한 어미에서 유추된 것으로서, 고대영어 후기에서부터 -m을 지니는 변이형이 나타나기 시작하여 최종적으로 seldom이라는 형태가 되었다.

2.3.3 지금의 변화는 옛날의 변화

이상과 같은 어원설을 받아 들이면 often의 문제는 다음과 같이 해석할 수 있다. 현대의 <t>를 발음하는가 안 하는가의 문제는 애초에 <t>를 발음하지 않는 선택권이 있었기 때문에 존재한다. <t>를 발음하지 않는 형태가 나타난 것은 세 자음 연속체 중 중간음이 탈락하는 근대영어기 음변화의 결과이다. 세 자음 연속이라는 환경이 생겨난 것은 중세영어에서 세 번째 자음 n이 삽입되었기 때문이다. n이 삽입된 것은 아마도 selden 'seldom' 으로부터의 유추에 의한 것이다. 그렇다면 오늘날 often의 발음이 [ɒ́f(ə)n]이냐 [ɒ́f(ə)tn]이냐의 문제를 일으킨 원흉은 궁극적으로는 seldom이라는 얘기가 된다.

고대영어	oft
중세영어	oft에 복수여격에서 유래된 -en이 유추적으로 첨가됨(cf. seldom)
근대영어	세 자음 연속체 중 중간음인 [t]가 소멸되어 가면서 발음의 혼란을 보임
현대영어	철자발음에 의해 [t]가 부활의 조짐을 보임

이것은 하나의 가설이다. 그러나 얼핏 현대어에서의 문제로만 보였던 often의 발음이 역사적 깊이가 있는 문제로서 입체적으로 떠오르는 것 같은 느낌을 맛보았으리라 여겨진다. 현재 일어나고 있는 변화는 사실은 과거와 관련된 변화의 연속이며, 과거에도 있었던 변화의 반복일 경우가 많다. 역설적이지만 현재 일어나고 있는 변화라는 것이 실은 오래 전의 변화라고도 할 수 있다. 이런 점이 영어사 관점에서 현대영어의 문제를 보는 즐거움이다.

2.4 왜 five는 fifth가 될까?
— 고대영어의 발음규칙

2.4.1 five라는 어형이야말로 설명이 필요하다

one, two 등 수를 나타내는 어휘를 기수사라고 하고, '~번째의' 라는 순서를 나타내는 어휘를 서수사라고 한다. 보통 서수사는 기수사에 어미 -th를 붙여서 fourth, sixth, eleventh, eighteenth와 같이 만드는 것이 원칙인데, 어미의 발음이나 철자가 약간의 변형을 일으켜 fifth, twelfth, ninth, twentieth와 같이 되는 것도 있는가 하면, 원칙에서 벗어난 first, second, third와 같은 것들도 있다. 본 절에서는 주로 기수사 five의 서수사가 왜 fifth인가, 마찬가지로 기수사 twelve의 서수사가 왜 twelfth인가에 대한 문제를 생각해 보고자 한다.

이 의문에서 보듯이, '기본형 A에 대해서 관련형 A′가 불규칙성을 띄게 되는 것은 왜일까?' 와 같은 유형의 문제가 자주 나타나는데, 2.1절에서 본 바와 같이, 문제를 뒤집어서 제기하는 편이 역사적 사실에 대해 더 충실한 경우가 종종 있다. 이번에 제기한 문제에서 '[v]를 지니는 기수사 five가 왜 서수사에서는 [f]를 지니게 되어 불규칙한 fifth가 되는 것일까' 라고 생각하지 말고, '[f]를 지니는 서수사 fifth가 왜 기수사에서는 [v]를 지니는 불규칙한 five가 되는 것일까' 라고 생각해 보자는 것이다. 역사적으로는 fifth의 [f]는 자연스러운 것이고 five의 [v] 야말로 설명을 요하는 것이기 때문이다.

고대영어로 거슬러 올라가면, 기수사 '5'의 철자는 fif였고, 기수사 '12'는 twelf 였다. 철자에서 보듯이 어미가 무성음 [f]였던 것이다(cf. 현대 독일어의 fünf, zwölf). 고대영어에서 서수사를 만드는 접미사는 -(o)þa 였는데(þ는 현대의 th에 대응하는 고대·중세영어 특유의 문자), 이 마찰음 [θ]는 [f] 뒤에서는 파열음 [t]로 실현되었기 때문에 고대영어에서 그에 대응하는 서수사는 fifta, twelfta로 나타났다. 중세영어 이후에 다른 서수사로부터의 유추에 의해 t가 th로 대체되어 현대영어의 fifth, twelfth가 탄생하였다.

한 가지 설명을 더하자면, 고대영어에서 '다섯 번째의'는 fīfta로서 장모음을 표시하였지만, 현재는 단모음이 되었다. 이것은 어말에 두 자음이 연속되는 환경에서 바로 앞의 장모음이 단모음화하는, 중세영어기에 생긴 일반적인 음운변화의 결과이다. 같은 음운변화를 겪은 단어 쌍으로 feel- felt, keep-kept, sleep-slept, broad-breadth, deep-depth, foul-filth, weal-wealth, wide-width 등이 있다. 이들 단어 쌍 내부에서는 모음의 질도 교체되고 있음에 주의하자. fifth에서는 이와 같은 접미사의 자음이나 어간 모음의 길이와 관련하여 다소 역사적 변화가 있었지만, 문제의 어간 제 2자음에 있어서는 고대영어 이래 일관되게 [f]가 계승되어 왔으므로, 고대영어의 기수사 fif의 직계 자손이라 할 수 있다.

본질적인 문제로 돌아가 보자. 고대영어의 기수사 fif의 어말 자음이 [v]가 된 것은 왜일까? 현대영어에서도 그렇지만, 기수사는 '5'와 같이 단독으로 명사적으로 사용되는 경우와, '다섯의'와 같이 형용사적으로 사용되는 경우가 있다. 고대영어에서는 형용사적으로 사용되는 경우 다른 보통 형용사와 마찬가지로 피수식 명사의 성·수·격 등의 문법 범주에 따라서 특정 굴절어미를 지닌다. fīf 도 당연히 수의 범주에 있어서 복수 굴절어미를 취했는데, 그 어미는 전형적으로는 -e 였다(다른 어미도 있었지만, 결국 중세영어에서는 -e 로 통일되었다). 고대영어에서는 원칙적으로 **유성음**(성대의 진동이 수반되는 소리) 사이에 끼어 있는 무성 마찰음은 성 **동화**(assimilation)가 일어나 유성음화되었으므로, fīfe 의 제 2자음은 <f>로 쓰여 있어도 [v]로 발음되었다(고대영어에서는 아직 문자 <v>가 사용되지 않았었고, 따라서 현대영어의 over 는 ofer 로, love 는 lufu 로 쓰였었다). twelve 에 대해서도 마찬가지이다. 후에 이 유성음을 지닌 형태가 **무성음**(성대의 진동을 수반하지 않는 소리)을 지닌 형태를 제치고 기본형이 된 것이다.

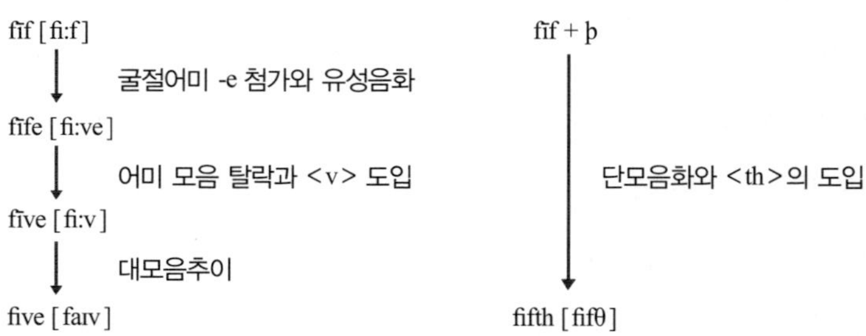

실제로는 기수사의 굴절 조건이 일반 형용사보다 복잡하며, 왜 [v]를 지니는 굴절형이 우세하게 되었으며 또한 그것이 기본형으로 인식되었는가 하는 것은 별도로 설명해야 할 문제로 남는다. 필자는 이 형태의 빈도가 높았기 때문이리라 생각하고 있다.

수사 중에는 어쩌다가 five/fifth 와 twelve/twelfth 만이 앞서 설명한 음 변화의 조건에 맞았기 때문에 결과적으로는 다른 수사 쌍과 비교했을 때 두드러지게 '불규칙'인 것처럼 보인다. 그러나 공시적으로 불규칙으로 보이는 현상도 통시적으로는 고대영어의 음운형태규칙과 그 이후에 생긴 소소한 변화에 따른 결과라는 것을 알 수 있다.

2.4.2 유성음 사이에 끼어 있는 자음이 유성음화하는 규칙

앞서, 고대영어 fīf에 굴절어미가 붙어서 fīfe가 되면, 두 번째 f는 [v]로 발음되었다고 설명한 바 있다. 고대영어에서는 f, s, þ, ð로 표기되는 무성 마찰음이 유성음(전형적으로는 모음)사이에 끼어 있으면 유성음화되는 규칙이 있었다. 예를 들어, norþ 'north'나 sūþ 'south'와 같이 방향을 가리키는 명사의 -þ는 그 자체로서는 어말에 위치하며 유성음 사이에 끼어있지 않으므로 무성음 [θ]로 발음되지만, 각각에 형용사 어미가 붙어 norþern 'northern'이나 sūþern 'southern'이 되면 이것이 유성음 사이에 위치하게 되어 유성음이 된다. 이들 단어의 발음은 현대에서도 계승되고 있다.

'집'을 뜻하는 명사 hūs 'house'의 어말 자음은 [s] 이지만 동사 어미 -ian을 붙여서 hūsian 'to house'이 되면 s는 유성음인 모음 사이에 위치하므로 유성음인 [z]로 발음되었다. 그 후의 역사에서 이 동사어미 -ian은 탈락하고 말았지만, 고대영어에서 유성자음으로 발음되었던 습관이 현재까지 지속되어, 동사로 사용될 때에는 지금도 [haʊz]로 발음된다.

고대영어 wulf 'wolf'는 복수형(엄밀하게 말하면 복수주격·대격형)에서 어미 -as (후에 복수형 -(e)s로 발전함)가 붙어서 wulfas가 되었고, f는 유성음 사이에 위치하므로 [v]로 실현되었다. 중세영어기에 [v] 발음에 대하여 새로운 문자 <v>가 도입되었으며, 복수형의 철자는 wolves로 나타내게 되었다. 현대적 관점에서 보면 f로 끝나는 몇몇 명사의 복수형이 -ves가 되는 것은 '불규칙'인 것처럼 보이나, 고대영어의 발음규칙에 비추어 보면 이것이야말로 '규칙적'이다.

2.4.3 third의 음운전환

서수사 first, second, third와 그에 대응하는 기수사 one, two, three는 fifth/five와는 비교할 수 없을 만큼 그 모양이 다르다. 우선 third부터 설명하기로 한다. third는 어원적으로는 three + -th라는 어형성 과정에 근거하므로 사실은 본래 '규칙적'인데, 역사적 과정에서 약간의 음운변화가 일어났기 때문에 그렇게 보이지 않게 된 것이다. 고대영어에서 기수사 '3'은 þrēo이며 이에 대응하는 서수사는 þridda이다. 서수사를 나타내는 어미 -(o)þa가 -dda로 변형된 점에 있어서 다른 수사와 다른 것이 사실이나, 이 정도는 미세한 자음 변이에 불과하다. 그런데 초기 중세영어에 이르기까지 어간 부분에서 흥미로운 변화가 일어났다. 그것은 **음위전환**(metathesis)이라고 하여 인접한 두 소리가 서로 위치를 바꾸는 현상이다. 고대영어 þridda의 r과 i가 발음 편이상 위치를 서로 바꾸어 thirdda로 변화한 것이다. three를 포함하고 있는 복합어인 thirteen, thirty 에서도 음위전환이 일어나고 있음을 철자나 발음에서 알 수 있다.

음위전환은 일종의 발화 실수이며, 어떤 언어에서든 일어날 수 있다. 그러나 많은 경우에 단발성 발화 실수로 끝나며, 그것이 정규 어휘로 정착하는 일은 드물다. 그러나 아주 드물게 발화실수의 형태가 일반화되는 경우도 있다. 영어사에서 음위전환은 꽤 자주 일어나며 일반적으로 정착한 '발화실수'도 몇 개인가 존재한다. 이것은 고대영어와 현대영어의 형태를 비교해 보면 알 수 있다. 예를 들어보겠다. 모음과 자음(특히 r)의 음위전환이 많다.

고대영어	현대영어
brid	bird
gærs	grass
hros	horse
þurh	through
wæps	wasp

2.4.4 first, second의 보충법

굴절의 패러다임(어형변화표)에서 어원과 전혀 다른 형태가 되어 정착하는 현상을 **보충법**(suppletion)이라고 한다. go-went(3.4.4 참조)나 good-better가 대표적이 예인데, 서수사 계열인 first와 second도 마찬가지로 보충법의 예이다.

서수사 second는 기수사 two와는 아무런 관계가 없으며, 중세영어기에 라틴어로부터 차용된 것이다. 라틴어의 동사 sequī에서 파생된 secundus에서 유래하였다. 고대영어에서는 second의 의미를 나타내기 위하여 본래 어휘인 oþer 'other'를 사용하고 있었다. 그 흔적을 현대영어의 every other day(=every second day)구문에서 볼 수 있다. 그러나 이 의미는 13세기 말에 라틴어 차용어 second에게 빼앗겼다. 그런데 잘 생각해 보면 고대영어에서 이 역할을 담당했던 본래의 어휘 other 자체가 기수사 two와는 관계가 없으며, 이 역시 보충형이었다. 단적으로 말하면 other의 어원은 o + -ther 이며, 기수사 '1'의 어근에 옛 비교급 어미가 붙어서 한 쪽에 대한 또 다른 한 쪽, 즉 '두번 째'라는 의미가 생겨난 것이다. 현재 other는 주로 '다른 쪽'의 의미로 계속 사용되고 있다.

first도 기수사 one과는 무관하며, 어미에서 추측할 수 있듯이 어떤 형용사의 최상급 형태이다. fir 부분은 게르만 조어의 * fur- '앞에'로 거슬러 올라가며, 그 의미와 형태의 흔적은 before, far, fare, for, fore, forth, from 등에 남아 있다. first의 모음은 **우물라우트**라는 음변화를 겪어 약간 변하긴 했으나 최상급 first의 원래 의미는 '(시간적으로)제일 앞' 즉 'earliest'의 뜻이다. 한편, 고대영어에서는 'early, before'의 의미를 나타내는 별도의 어휘 ǣr가 있었다. 이것은 현대영어에서 고풍스러운 단어 ere에 남아 있으며, early는 그것에 -ly 어미를 붙인 형태에서 유래한다. ǣr의 최상급 ǣr(e)st는 현대영어에서는 erstwhile '옛날의, 이전의'라는 어휘 속에 살아남아 있다.

본 절에서는 일찍이 규칙적이었던 것이 그 후 역사에서 음운·형태·철자상의 소소한 해프닝을 통해 현재는 불규칙으로 보이는, 또는 실제로 불규칙이 되어 버린 예들을 살펴보았다. 역사적으로 보면 현재의 불규칙성은 이전 규칙성의 단편적인 잔재일 경우가 많음을 유념해야겠다.

2.5 name은 왜 '나메'가 아니라 '네임'이라 발음될까? — 음변화와 매직 e

2.5.1 <e>의 역할

현대영어의 철자 <e>는 여러 가지 역할을 한다. <e>의 역할로서 잘 알려진 것으로는 **'매직 e'**라고 불리는 것이다. name이나 bite 등의 e는 그 자체는 발음되지 않지만 선행하는 모음이 장모음 또는 이중 모음임을 나타내 준다. 본 절에서는 왜 이러한 매직 e의 기능이 있는가, 어떤 과정을 통해 <e>가 이러한 기능을 갖게 되었는가를 생각해 보고자 한다.

우선 현대영어에서 <e>의 다양한 역할을 열거해 보자. <e>의 놀라운 다재다능함을 맛보기 바란다.

1. 당연한 것이지만, 단모음 [e] 또는 장모음 [i:]를 나타낸다(ex. set, me).
2. 이 또한 영어 알파벳에 관한 것인데, English [íŋglɪʃ], certain [sɜ́:tən], ballet [bǽleɪ], serious [síəriəs] 등에서 <e>는 위와는 다른 별개의 모음을 나타낸다.
3. 다른 모음자와 조합하여 다양한 모음을 나타낸다(ex. great [greɪt], wear [wɛə], ear [ɪə] ; meet [mi:t], beer [biə] ; rein [reɪn] ; believe [bɪlí:v] ;

leopard [lépəd], people [pí:pl]; Europe [jʊ́ərəp]; bureau [bjʊ́ərəʊ]).

4. 이른바 매직 e를 선행하는 모음에는 직접 선행하는 경우(ex. die [daɪ], doe [dəʊ])와 자음자가 개입하는 경우(ex. take [teɪk], mete [mi:t], side [saɪd], rose [rəʊz], cube [kju:b])가 있다.
5. <e>의 유무에 따라서 선행하는 자음의 음가가 결정된다(ex. bathe [beɪð] vs bath [ba:θ], breathe [bri:ð] vs breath [breθ], teethe [ti:ð] vs teeth [ti:θ]; singe [sɪndʒ] vs sing [sɪŋ]; vice [vaɪs] vs Vic [vɪk]).
6. 특별한 기능은 하지 않으면서 그저 단순히 옛 철자를 유지하고 있는 경우가 있다(ex. give [gɪv], have [hæv], love [lʌv], some [sʌm]).
7. (특히 영미) 변종 간의 철자상의 구별(ex. judg(e)ment, ag(e)ing)이나 발음상의 구별(ex. clerk 미국발음 [ɜ:], 영국발음 [ɑ:])을 나타낸다.
8. 굴절어미가 아님을 나타낸다(ex. lapse vs laps, please vs pleas).
9. **동철이의어**(homograph)와 구별한다(ex. singeing vs singing, dyeing vs dying).
10. 다의어의 어의를 구별한다(ex. borne vs born, blonde vs blond).

2.5.2 나마에서 네임으로

<e>의 다양한 역할 중에서 빈도가 높으면서도 특히 유명한 것이 **'매직 e'**이다. 매직 e는 가장 전형적인 경우에 <모음자 + 자음자 + e>와 같이 연속되는 철자에서 최초의 모음자가 '긴 모음'으로 발음되며 <e> 그 자체는 묵음이 되는 규칙이다. 예를 들면, take, mete, sie, rose, cube에서 각각의 제1모음자는 [æ], [e], [ɪ], [ɒ], [ʌ]와 같은 '짧

은 모음'이 아니라 [eɪ], [iː], [aɪ], [əʊ], [juː]와 같은 '긴 모음'으로 발음된다.

이 매직 e의 특징은 어떤 모음의 음가나 길이를 표시하는데 있어서 이어지는 자음자를 뛰어넘어 존재하는 <e>의 유무(게다가 <e> 자체는 묵음)라고 하는, 얼핏 보기에 부자연스러운 수단을 사용하고 있다는 점이다. 일반적으로는 해당 모음자 그 자체를 변화시키거나 또는 **발음구별부호**(diacritical mark)등을 표시하는 것이 자연스러운 방법인데(프랑스어의 악쌍이나 독일어의 우물라우트기호 등이 이에 해당한다) 왜 영어에서는 '묵음자 <e>에 의한 원격조작'이라는 간접적 우회적 방법으로 선행모음의 성격을 표시하는 것일까?

사실 이 철자규칙은 처음부터 이렇게 우회적이었던 것은 아니다. 원래는 이런 간접적인 방법이 아니었으며, <e>도 묵음자가 아니었다. 주로 애매모음 [ə]이기는 했지만 모음으로서의 음가를 유지하고 있었다. 이 물음에 역사적으로 답변하기 위해서는 고대영어로까지 거슬러 올라가야 한다. 고대영어에서 어말에 나타나는 각종 모음은 각각 완전한 음가를 지니고 있었으며 그에 상응하는 모음자로 표기되었다. 그러나 초기 중세영어에 이르기까지 어말모음은 점차 애매모음 [ə]로 획일화되어갔다. 이 획일화된 모음을 나타내는 문자로는 주로 <e>가 사용되었다. 그런데 이 획일화가 지속되면서 그 동안 획일화되었던 어말모음이 탈락해 버리는 음운변화를 통해 어말 [ə]가 차차 사라지게 되었다. 한편 철자상으로는 어말의 <e>가 그대로 유지되었던 것이다(1.4절 참조).

그런데 어말 [ə]의 유무가 음운적으로는 사소한 것으로 여겨지지만 음절구조 면에서 보면 큰 문제이다. 예를 들면, "name"을 나타내는 고대영어 nama [nama]와 "take"의 의미를 나타내는 동사 niman의 제1과거형 nam [nam]을 생각해 보자(고대영어의 강변화동사에는 제1과거와 제2과거의 두 종류 어간이 있었다. 자세한 것은 3.4.2 참조). 양자의 차이는 어말모음의 유무뿐이지만, 후의 음운발달을 생각하면 이것이 하늘과 땅 정도의 차이를 만들어낸다. nama는 어말모음을 획일화하는 단계까지는 2음절어로 남아있었는데, 이 때 어간을 나타내는 제1음절 na는 모음으로 끝나는 개음절이다. 그런데 어말모음이 탈락하면 이 어휘는 1음절어가 되어 자음 m으로 끝나는 폐음절이 된다. 한편, nam은 이 기간 중 줄곧 폐음절인 1음절어였다. 이대로라면 두 어휘는 음운적으로 융합해 버릴 것 같지만 실제로는 그렇게 되지 않았다. 왜냐하면 초기 중세영어에서는 개음절장모음화(1.3.1 참조)라는 음운변화가 일어났기 때문이다. 방언에 따라 진행 정도는 다르지만 일반적으로 이 음운변화에 의해서 개음절의 모음이 길어지게 되었다.

앞서 설명한 초기 중세영어 이후의 일련의 음운변화에 의해서 고대영어 nama [nama]는 다음과 같은 발달을 보이게 되었다. 우선 어미 모음 획일화에 의해 [namə]로 변화하였고, 다음으로 개음절 장모음화에 의해 [na:mə]로, 그리고 다시 어미모음 탈락에 의해 [na:m]으로 변화하였다. 나아가서 이것이 수 세기 후에 시작되는 대모음추이(1.3.1 참조)를 거쳐 근대영어의 [nɛ:m], 그리고 현대영어의 [neɪm]으로 변하게 되었다. 반면에 고대영어 nam은 그다지 큰 음운변화를 겪지 않고 중세영어로 계승되었다(그리고 결국에는 폐어가 되었다).

이상을 정리하면, 현대영어 <e>에 대응하는 어말모음이 고대영어에 존재했기 때문에 중세영어에서 개음절 장모음화가 작용하여 어간모음이 장음화한 것이며, 장음화했기 때문에 대모음추이를 겪을 수 있었던 것이다. 다른 시각으로 보면, 현대영어 철자에서 어말에 <e>가 있다는 것은 자음을 건너뛴 위치에 놓여 있는 모음이 대모음추이를 겪었다는 증거이다.

2.5.3 운용 변경에 의한 해결

앞 항에서 보였듯이, 여러 가지 음 변화의 결과 발음과 철자 간의 대응이 붕괴되기 시작했는데, 예를 들어 [neɪm]이 되었을 때 철자도 거기에 맞추어 <neim>으로 변했더라면 현재 영어 학습자가 발음과 철자의 괴리 때문에 힘들어 할 일은 없었을 것이다. 이와 같이 철자의 변화가 일어나지 않았던 배경 중의 하나로는, 마침 대모음추이가 막 시작되었던 시점에 철자는 표준화에 도전하기 시작한 것이다(1.3 절 참조). 즉, 이미 표준화의 방향성이 보이기 시작했을 때 발음상의 대변화가 일어나는 최악의 타이밍이었던 것이다. 또 하나의 근본적인 배경으로서, 발음은 변하기 쉬운 반면 철자는 변화를 거부하는 보수적인 성질을 지닌다는 사실이다. 음 변화에 의해 발음과 철자의 괴리가 생겨도 철자는 되도록 그대로 유지하고자 하는 힘이 작용한다. 철자 체계를 바꾸는 과감한 방법을 피하고 현 체계의 해석과 운용을 바꿈으로써 어떻게든지 해결하고자 했던 것이다. 꼭 바꾸어야 할 필요가 있는 경우에도 되도록이면 기본적 틀을 바꾸지 않고 원형에 작은 부호를 표시하는 등의 미세한 변화로써 해결하고자 했다.

이 '해석·운용의 변경 또는 최소한의 개입'이라는 방법은 많은 언어에서 이용되었다. 해석·운용 변경에 대한 예로서 일본어의 조사를 들 수 있는데, 일본어 조사 'は', 'へ'는 발음이 'わ', 'え'로 변한 후에도 문자는 줄곧 'は', 'へ'가 사용되었다. 현재 일본어에서도 이와 같이 문자와 발음의 대응이 일부 불규칙이기는 하지만 운용방법에 의해 어떻게든 기능하고 있다.

최소한의 개입에 대한 예는 많다. 프랑스어나 독일어에서는 모음에 직접 악쌍이나 우물라우트 기호를 붙여서 <é>, <à>, <ü>, <ö> 등과 같이 사용함으로써 본래의 모음 음가와 조금 다르다는 것을 표시하고 있다. 생겨난 발음변화에 맞게 철자를 바꾸는 방법을 선호하지 않고, 되도록 원형을 유지하면서 방해되지 않을 정도의 보조 부호를 첨가하여 사용하려고 하였다. 일본어의 (반)탁점도 비슷한 기능을 한다. 원래의 문자소 <か>의 우측 위에 눈에 띄지 않게 탁점을 붙여 <が>를 만든다. <や>, <ゆ>, <よ>, <つ>와 구별하기 위해 <ゃ>, <ゅ>, <ょ>, <っ>와 같이 작게 쓰는 것도 똑같은 이유에서이다.

이와 같이 매직 e, 악쌍, 우물라우트,(반)탁점, 같은 글자 작게 쓰기 등은 모두 비슷한 기능을 한다. 이것들은, 긴 역사의 흐름 속에서 어쩔 수 없이 생겨나는 발음과 문자의 괴리라는 보편적인 문제에 직면했을 때, 가능한 한 '운용 변경'으로 해결하든가 혹은 변화가 필요하다 해도 최소한으로 억제하여 발음구별부호를 도입하는 정도로 해결하고자 하는 현실적 전략의 결과인 것이다.

name 등에 들어있는 <a> 모음자의 발음 특성을 나타내기 위해 직접 어떤 조치를 취하는 것이 아니라, 그 뒤에 나오는 <e>를 통해서 간접적으로, 즉 '원격조작' 함으로써 <a> 음가에 대한 힌트를 주고 있다는 점이 이 매직 e의 특수 기능이다. 확실히 특이한 방법이기는 하나, 아무런 물리적인 조치 없이 전적으로 운용에 의해서만 문제를 해결하고자 한 점에 있어서는 궁극적으로 초 에너지 절약 전략이라고 할 수 있다. 이렇게 보면 매직 e는 영어에서만의 특수상황이라기보다는 다른 여러 언어에서도 볼 수 있는 공통된 문제에 대한 영어 나름의 대처법이었다고 할 수 있다. 또한 매직 e의 용법은 산발적으로는 중세영어기에서 찾아 볼 수 있는데 16세기에 정서법에 관심이 있었던 필경사들이 이것을 채택했기 때문에 관습화되었다는 것을 밝혀둔다.

2.5.4 철자의 보수성

발음은 변화하기 쉽지만 철자는 변화하기 어렵다. 즉, 철자는 일반적으로 보수적이다. 이 성질에 대해서 다음과 같은 모델을 제안하고 싶다.

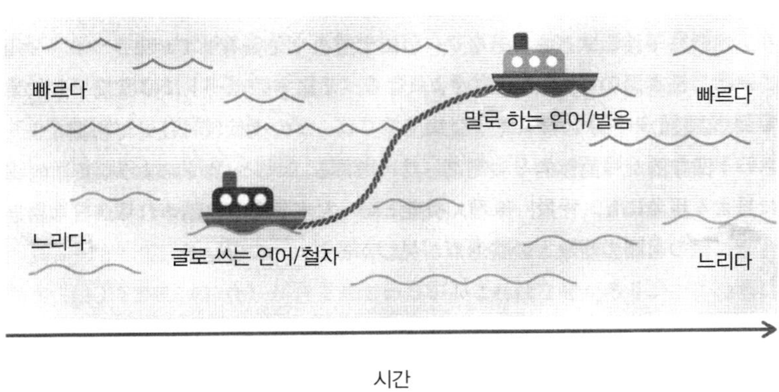

우선 대전제로 해야 할 것은 발음(말로 하는 언어)과 철자(글로 쓰는 언어)가 원칙적으로 각각 독립적인 매체이자 체계라는 점이다. 각각의 매체를 시간이라는 강 위로 흘러가는 배에 비유해 보자. 원칙적으로 발음과 철자는 확실히 독립적인 것이지만 한편으로는 서로 의존하는 부분도 적지 않은 것이 사실이다. 이러한 관계를 두 척의 배를 연결하는 밧줄로 표현해 보겠다. 꽤나 신축성 있는 고무로 만들어진 밧줄이라고 생각해 보자.

두 매체는 서로 의존적이라고는 하지만 압도적으로 많은 경우에 발음이 철자를 선도하는 구도이다. 발음은 그냥 놓아 두어도 시간이 흐름에 따라 변화하는 것이 보통이다. 더구나 발음 배는 늘 물살이 빠른 쪽에 있다고 상상해 보자. 한편 철자는 흐름이 느린 연안 쪽에 있으며, 서기도 하고 흔들리기도 하는 정도의 비교적 얌전히 움직이는 배이다. 따라서 시간이 흐르면 흐를수록 두 배의 거리는 더 멀어질 가능성이 높다. 그러나 두 배는 밧줄로 연결되어 있는 이상 완전히 분리될 수는 없다. 서로 붙지도 분리되지도 않는 거리를 유지하면서 같은 강 위를 떠간다. 어떤 드문 기회에 철자 배가 발음 배와 나란히 어깨를 같이 할 수도 있고 혹은 추월하는 경우가 있을지도 모른다. 그런 상황이 자연의 강에서는 거의 일어나지 않지만, 언어의 세계에서는 인간이 의도적으로 밧줄을 짧게 하거나 철자 배를 강제로 당기거나 하면 가능한 일이다. 이것이 **철자개혁**이나 철자발음과 같은 경우에 해당한다(1.1.2 의 그림 참조).

이와 같이 '철자와 발음은 밧줄로 연결된 두 대의 배'라는 모델은 대략 표음문자 체계를 지닌 언어에 일반적으로 적용될 것이다. 말로 하는 언어와 글로 쓰는 언어는 반은 독립적이면서도 반은 서로 의존적이며, 서로 지나치게 간섭하지 않지만 그렇다고 붙지도 분리되지도 않으면서 공존하고 있다. 매직 e는 되도록 철자 배에는 직접 손을 대지 않고 두 대의 배가 분리되려는 상황을 밧줄의 유연성에 맡겨서 타개하려고 하는 보수적, 소극적이 전략이었던 것이다. 매직 e와 같이 영어 고유의 현상인 것처럼 보이는 것이라도, 배경, 원리, 기능의 본질을 탐색해 보면 다른 여러 언어에서 나타나는 현상과의 공통점을 발견하게 되는 경우가 많다.

2.6 왜 debt, doubt에는 발음되지 않는 <b>가 있을까?
— 르네상스 시대의 허례

2.6.1 어원적 철자

영국의 르네상스 시대는 대략 1500-1600년경의 초기 근대영어기에 해당한다. 르네상스란 고전부흥운동이며 그 매체가 된 것이 고전어, 즉 라틴어와 그리스어였다. 따라서 이 시기에 두 고전어로부터의 차용어가 많았던 것은 극히 자연스러운 일이었다(1.5절 참조). 그러나 라틴어를 중시하는 시대 풍조는 어휘 차용에 그치지 않았다. 예를 들어, 영문법 서적은 라틴어 문법에 기초하여 쓰여졌다. 그리고 라틴어를 중시하는 흐름은 철자에서도 보였다.

근대영어기 이전에도 라틴어로부터의 차용어는 많았다. 그 중에서도 특히 중세영어기에 프랑스어를 경유해서 영어에 들어온 라틴어는 그 형태가 무너져 있는 경우가 많았다. 아무래도 원형이 손상되었던 것이다. 르네상스 시대 학자들은 이것을 개탄하였다. 그들은 권위있는 고전 라틴어의 '원형'을 알고 있었기 때문에 영어에 들어와 '무너진 형태'를 참을 수가 없었다. 그래서 '원형'(=어원)을 참조하여 이미 영어에 정착한 철자를 일방적으로 고쳤다. 이렇게 해서 만들어진 철자를 **어원적 철자**(etymological respelling)라 부른다. 실제로는 '어원병에 걸린 철자'라고 부르고 싶은 현상이다.

구체적인 예로서 debt '빚'을 들 수 있다. 이 단어에는 발음되지 않는 묵음자(1.3.1 참조)<b>가 포함되어 있는데 이것은 왜일까? 이 단어는 라틴어 dēbitum이 프랑스어를 경유하여 영어로 차용된 것인데, 프랑스어에 차용될 당시에 이미 <b>가 탈락되어 dette와 같은 철자가 되어 있었다. 즉, 영어에 차용될 당시에는 <b>는 철자로 존재하지 않았으며 [b] 발음도 없었다. 그런데 13세기에서 16세기에 걸쳐서 차용원인 프랑스어에서는 라틴어화한 debte가 다시 사용되기 시작하였다. 15세기부터는 영어도 그 영향을 받아서 라틴어 어원에 충실한 <b>를 포함한 철자를 사용하게 되었으며, 현재까지 이어지는 debt와 같은 철자가 확립되었다. 또한 doubt의 <b>도 역시 같은 경위로 도입되었다.

주의하고 싶은 것은, 이러한 일련의 변화는 어디까지나 철자상의 변화이며, 발음은 종전과 같이 [b]가 발음되지 않는 상태로 지속되었다는 점이다. 앞 절에서 보았듯이 발음과 철자는 서로 연관이 있으면서도 본질적으로는 별개의 존재인 것이다. 그런데 15세기에는 같은 라틴어인 dēbitum이 프랑스어를 경유하지 않고 debit '차변'(역주: 자산의 증가, 부채 또는 자본의 감소·손실의 발생 따위를 기입하는 부분)의 의미로 영어에 차용되었다. 이번 <b>는 모양뿐이 아닌 정규 철자이며 실제로도 발음되었다. 따라서 현대영어의 debt와 debit은 동일 어휘가 미묘하게 다른 형태와 의미로 차용된 **2중어**(doublet)의 예이다.

어원적 철자의 예는 풍부하다. 다음에 보이는 현대영어 단어들은 모두 어원적 철자의 산물인데, 각 단어에서 삽입·치환된 문자를 이탤릭체로 표시하였다.

a*d*venture, a*d*vice, assau*l*t, au*th*or, *ch*oir, cor*ps*, cou*l*d, de*b*t, deli*gh*t, descri*be*, dou*b*t, ele*ph*ant, fau*l*t, foreign, indi*c*t, i*s*land, lang*u*age, ne*ph*ew, parl*i*ament, perfe*c*t, recei*p*t, sa*l*mon, s*c*ent, s*ch*edule, stoma*ch*, su*b*tle, *th*rone, tong*ue*, verdi*c*t, vi*c*tual

학자들은 라틴 차용어 철자에 대해서는 개혁을 했지만 서민의 발음까지 개혁할 수는 없었다. 많은 경우에 서민들은 변함없이 중세 이래의 '무너진 형태'의 발음을 계속 써 온 것이다. 학자들이 아무리 떠들어도 민중이 관심 갖지 않는 것은 어느 시대나 마찬가지이다. 그러나 일각에서는 모처럼 철자 개혁을 했으니 그것에 맞추어 발음도 바꾸려는 진취적인(?) 태도를 보이기도 했으며, 몇몇 단어에서는 삽입된 문자에 대응하는 발음이 생겨나기도 했다. 철자에 맞춰서 발음하고자 하는 이러한 생각은 2.3절에서 살펴본 철자발음이라고 불리는 것이다.

어원적 철자는 '르네상스 시기 학자들의 지식 자랑'이라고 볼 수 있다. 그러나 그것을 당시 학자들의 탓으로 돌리기보다는 시대정신의 산물이었다고 보는 편이 영어사를 긍정적으로 바라보는 자세일 것이다.

2.6.2 비어원적 철자?

앞 항에서 나열한 어원적 철자의 예 중에 island라는 단어가 있다. 문자 <s>가 있지만 발음되지 않는 신기한 단어로서, 영어학습자라면 누구나 이상하다고 생각할 것인데, 여기에는 debt 와는 또 다른 사정이 있다.

'섬'을 뜻하는 단어는 고대영어에서 īegland 혹은 ēaland이다. 이 복합어의 앞부분 īeg-나 ēa-는 '물, 강'을 뜻하는 단어로서 이것과 land가 결합하여 '섬'을 의미하였다. '물의 땅'이 '섬'을 뜻하는 것은 매우 자연스러운 발상이며 게르만 제어에도 이와 대응하는 복합어가 널리 발견된다. 또한 īeg-에 대한 인구 조어 재건형은 akwā이며, 이것은 라틴어 aqua '물'의 어원이다.

고대영어의 īegland는 중세영어에서는 iland나 yland로서 계승되었다. 한편, 1300년경에 '섬'을 나타내는 유사어로서 프랑스어로부터 ile, yle이 들어왔다. 여기에서 iland는 ile + land로 재분석된다. 이 분석 결과 프랑스어 형태소와 영어 형태소가 조합된 **혼종어**(hybrid)가 만들어졌는데, 이와 같은 두 언어 요소의 조합은 영어에서는 흔한 일이다.

나아가서 또 한 번의 변화가 일어난다. 15세기에 프랑스어에서는 ile의 철자가 isle로 바뀐다. 이것은 라틴어 어원 insula '섬'을 참조한 어원적 철자였다. 이 <s>를 지닌 프랑스어의 어원적 철자가 영어에 영향을 미치게 되어 영어에서도 15세기부터 isle이 출현하기 시작했다. 16세기부터 복합어 isle-land가 나타났으며, 17세기 중에 island라는 철자가 정착하였다. 이러한 철자상의 변화와는 별도로, 발음에서는 [s]를 삽입하지 않았고, 제1음절의 장모음 [iː]가 대모음추이(1.3.1 참조)를 거쳐서 [aɪ]로 변화한 상태에서 멈추었다.

결국 고대영어의 īegland와 라틴어의 insula는 확실히 조금 닮기는 했어도 사실은 어원적으로는 직접 관계가 없다. 어원을 잘못 잡아낸 데서 생겨난 잘못된 어원적 철자인 것이다. 오히려 '비어원적 철자'라고 부르고 싶다.

그런데 고대영어 īeg- '물'에 해당하는 단어가 영어와 같은 게르만어계인 프리지아어나 노르드어에서는 -land를 수반하지 않고 단독으로 '섬'을 나타낸다고 하니 무척 흥미롭다. '물'과 '섬'은 서로 반의어처럼 보이나, 프리지아 제도나 아이슬랜드 섬 주민에게 있어서는 We live on the water.와 We live on the island.의 의미가 그리 차이나지 않을지도 모른다는 생각을 해 본다.

2.6.3 프랑스어에서의 어원적 철자

영어의 어원적 철자는 주로 영국 르네상스 전성기인 16세기경에 그 절정을 맞이한다. 그러나 island의 예에서 보았듯이 거의 같은 시기 또는 영국에서보다도 조금 더 일찍 프랑스에서도 라틴어를 참조한 어원적 철자의 관습이 있었다는 점에 주의할 필요가 있다. 영어에서는 독자적으로 어원적 철자의 관습을 발전시키기도 있지만, 프랑스어에서 시작된 관습을 흉내냈다고도 생각할 수 있기 때문이다.

프랑스어사와 영어사에서 거의 같은 시기에 라틴어 어원에 심취하여 철자를 바꾸는 것이 유행했다는 것은 그리 놀랄 일은 아닌 듯하다. 그러나 영어사 연구에서 어원에 심취하여 철자를 바꾼 것이 문제가 될 경우에는 당연히 어원인 라틴어 철자에 많은 관심이 쏠렸고, 프랑스어에서 동시대에 같은 현상이 일어난 것에 대해서는 그다지 주목하지 않았다. 양언어의 경향 사이에 어느 정도 직접 또는 간접적인 관계가 있는지는 조사되지 않았지만 그 답변이 어떤 것이든 간에 프랑스어를 포함한 넓은 관점에서 접근한다면 영어사상의 이 흥미로운 주제가 더욱더 흥미로운 것이 될 가능성이 있을 것 같다.

르네상스 시대의 시대적 조류인 라틴어 심취 현상은 영어라는 언어 체계에서 보면 분명히 외면적 사건이지만 어원적 철자는 그것이 간접적이기는 하지만 글자 체계 일부에 영향을 미친 예로서 매우 흥미로운 현상이다. 언어에 있어서 외면사상의 사건이 내면사에 깊이 영향을 미치는 예는 의외로 많다. 어원적 철자의 관습은 영어 외면사에 대한 지식이 현대영어를 이해하는 데에 도움을 준다는 것을 보여주는 좋은 예이다.

제3장

어형에 관한 소박한 의문

Morphology

3.1 왜 3인칭 단수 현재형에 -s를 붙일까?
— 굴절의 역사적 성격

3.1.1 공시적·형식적 설명

왜 3인칭 단수 현재형에 -s가 붙는가에 대한 질문은 영어학습자라면 한 번쯤 생각해 보는 소박한 의문 중 하나일 것이다. 현대영어에서는 동사의 3인칭 단수 현재형 어간에 접미사 -(e)s를 붙이는 것이 규칙으로 되어 있다. (1)주어가 3인칭이고 (2)주어가 단수이고 (3)시제가 현재라는 세 조건이 모두 충족되었을 때에만 접미사를 붙이는 세밀한 규칙이기 때문에 초보 영어 학습자에게는 습득하기가 어렵다(엄밀히 말하면 직설법이어야 한다는 제 4의 조건도 필요). 나 자신도 영어로 이야기하거나 글을 쓸 때에, 특히 주어와 동사가 떨어져 있는 경우에는 이 규칙을 깜빡 잊는 경우가 있다. 3인칭 단수 현재의 -s란 무엇인가? 무엇을 위해 존재하는가? 학습자가 이런 의문을 갖는 것은 당연하다.

현대영어의 3인칭 단수 현재형의 -s는 뿌리 깊은 문제이다. 공시적 관점에서 보면 주어와 동사의 **일치**(agreement)라는 광범위한 현상 중의 하나로서 논의되고 분석된다. 형식주의의 입장, 예컨대 생성문법의 관점에서 보면, 주어에 해당하는 명사구의 속성과 술어에 해당하는 동사구와의 관계를 기술함으로써 어떠한 경우에 동사에 굴절접사 -s가 붙는가를 형식화할 수 있다. 구체적인 예를 보면, 생성문법에서

Time flies. 라는 단순한 문장을 통사적으로 분석하면 다음과 같은 구조임을 알 수 있다.

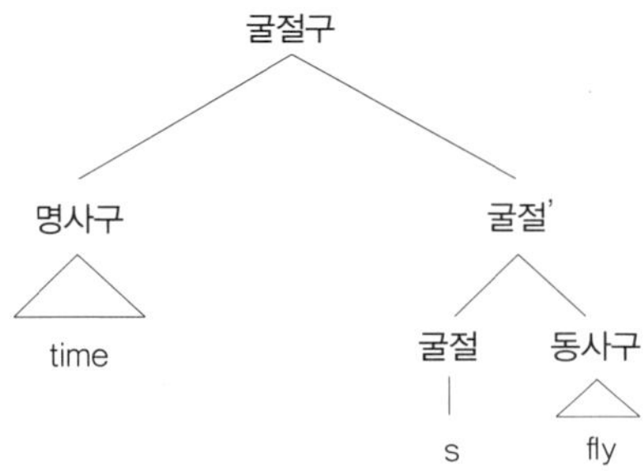

명사구에 '3인칭' '단수'라는 속성이 부여되고, 그것이 '현재'라는 굴절의 속성과 만나면 s라는 접사가 선택된다는 원리이다. 위 그림에서는 여기까지만 기술되어 있지만, 이 이후에 접사이동이라는 규칙이 적용되어 s가 fly 뒤로 이동하게 되며, 최종적으로 time flies라는 표면형이 나온다. 이와 같이 규칙을 형식화하면 소수의 규칙을 설정하는 것만으로도 응용 문장인 Time doesn't fly. 나 Does time fly? 등도 올바르게 생성할 수 있는 이점이 있다.

이 분석은 현대표준영어의 3인칭단수현재형 -s에 대한 통사와 형태를 일관성있게 설명할 수 있는 이점이 있지만, 왜 그런 현상이 있는가를 설명할 수는 없다. 왜 3인칭 단수 현재형에만 -s가 붙는지 그 이유를 설명하지 못하고 있다. 생성문법은 '무엇'이나 '어떻게'에 대해서는 잘 설명해 주지만 '왜'에 대해서는 답하지 못하며, 또한 답하려 하지도 않는다. 단, 이러한 비판은 '왜'라는 질문에 답하지 않는다는 관점에 근거한 것이지, 이와 같은 공시적 분석이 옳지 않다고 평가하는 것은 아니다. 오히려 이 분석은 주어와 동사의 일치를 동사 굴절로 표시하는 언어에 일반적으로 적용할 수 있는 우수한 분석이다.

3.1.2 공시적·기능적 설명

기능주의 입장에서는 -s의 유무에 따라 (1) 주어가 3인칭인가 1·2인칭인가에 대한 구별, (2) 주어가 단수인가 복수인가에 대한 구별, (3) 시제가 현재인가 과거인가에 대한 구별을 형태적으로 명시할 수가 있다고 본다. 예를 들어, 주어 John이라는 한 사람의 인물을 he로 지칭할 것인지 아니면 John and Mary 두 사람을 they로 지칭할 것인지 확실치 않은 문맥에서 주어 대명사 부분을 못 들었다 할지라도(현재 시제라는 가정하에서) 동사 어미를 잘 들을 수 있었다면 올바른 주어를 '복원'할 수 있다. 이와 같이 복원 가능성 측면에서 보면 -s의 유무는 기능적이라고 볼 수 있으며, 따라서 3인칭 단수 현재형에 -s를 첨가하는 규칙도 기능적이라고 할 수 있다.

그러나 여기에서도 3인칭 단수 현재형에 왜 -s를 붙이는가에 대해서는 답변할 수가 없다. 특히 3인칭 단수 현재를 나타내기 위해서는 -s를 붙이는 방법 외에도 여러 가지 다양한 방법이 있을 수 있기 때문이다. 왜 3인칭 복수 현재형에 -s를 붙이지 않는가, 왜 3인칭 단수 과거형에 -s를 붙이면 안 되는가 등등. 또는 이들 가능성 전부를 조합한 적당한 동사의 패러다임(어형변화표)을 이용해도 목표는 달성할 수 있을 것이다. 앞에서 기술한 기능주의적 설명은 3인칭 단수 현재형 어미 -s를 갖는 현대영어의 패러다임에 국한되지 않고, 같은 목적을 만족시키는 다른 패러다임에도 통용되는 설명이라는 것이다. 결국, 기능주의는 왜 하필이면 영어에서만 3인칭 단수 현재형에 -s를 붙이는가에 대하여 만족스럽게 설명해 줄 수 없다.

이상과 같이 형식적이든 기능적이든 공시적 관점에서의 논의는 3인칭 단수 현재형 어미 -s에 대하여 만족스러운 설명을 제공하지 못하며, 따라서 본질적인 의문을 해소해 주지 못한다. 그러나 통시적 관점에서 보면 '왜'에 대한 답변은 훨씬 명료하다.

통시적인 설명에 들어가기에 앞서, 질문에 대한 전제를 다시 한 번 정리해 보자. '왜 3인칭 단수 현재형에 -s가 붙는가'라는 의문은 '왜 3인칭 단수 현재형이라는 위치에만 추가적인 어미가 붙어야만 하는 것인가'라는 전제를 갖는다. 다른 위치에는 아무 것도 붙지 않는데 왜 3인칭 단수 현재형에만 성가시게 어미를 붙여야 하는 것인가? 그런데 통시적 시점에서의 문제의식은 정반대이다. 통시적으로는 3인칭 단수 현재형에 -s가 붙는 것에 대해서는 거의 설명이 필요 없다. 오히려 의문을 가져야 하는 것은 '왜 3인칭 단수 현재형 이외에는 아무 어미도 붙지 않게 되었는가'이다.

3.1.3 통시적 설명

그러면 수수께끼를 풀기 위한 단서로서 고대영어 동사 lufian "to love"에 대한 직설법 현재형의 굴절표를 살펴보자.

	단수	복수
1인칭	lufie	lufiaþ
2인칭	lufast	
3인칭	lufaþ	

이 굴절표에서 알 수 있듯이 고대영어에서는 3인칭 단수 현재에서뿐만 아니라 1인칭 단수 현재, 2인칭 단수 현재, 1·2·3인칭 복수 현재에서도 어미가 붙어 있었다. 현대영어의 관점에서 보면 3인칭 단수 현재형에만 어미가 붙기 때문에 그것만을 특별 취급하게 되는데, 고대영어에서는(그것은 그 이전 시대에도 그랬고, 그 이후 중세영어에서도 초기 근대영어에서도 부분적으로는 그랬다고 할 수 있는데) 각각의 모든 형태가 동일한 정도로 특별했으며, 각 형태에는 정해진 어미가 첨가되었다. 다시 말하면, 역사적으로는 3인칭 단수 현재형만이 현재와 같이 특별한 형태를 지녔던 것은 아니다.

그러나 모든 형태가 특별했던 고대영어의 굴절 체계는 중세영어와 근대영어에 걸쳐서 큰 변화를 겪게 되었다. 고대영어 말기부터 굴절어미가 지니는 무강세음절의 모음이나 자음이 약화되었고 결국에는 소실되어 버리는 커다란 음 변화가 진행되고 있었다(1.4절 참조). 앞에서 예로 든 lufian에서 1인칭 단수 현재형 lufie의 어미는 약화되어 중세영어에서는 명료한 어말모음을 지니지 않는 love라는 형태로 변화하였다. 부정사(표제어) lufian 자체도 마찬가지로 어말 자음과 모음이 약화·소실되어 love라는 '원형'으로 발전하였다.

한편, 고대영어에서 인칭 변화가 없는 복수형 lufiaþ는 굴절어미의 모음이 약화·소실되어 결과적으로 3인칭 단수 현재형인 lufaþ와 형태적으로 융합하게 되었고, 중세영어 중부 방언에서 가정법 현재형 굴절에서 유래한 n 어미를 새로 채용하여 loven 이라는 형태가 되었다. 그러나 공교롭게도 이 n 어미는 약화·소실되기 쉬운 어미였기 때문에 중세영어 말기에는 거의 모두 소실되어, 결국 love 로 정착하였다.

2인칭 단수 현재형 lufast 는 소실에 대해서 저항력이 강한 자음군 [st] 라는 어미를 지녔기 때문에 원래는 거의 그대로 현대영어에 잔존할 수도 있었는데, 2인칭 단수 현재형에 대응하는 주어 대명사 thou 가 근대영어 이후에 아마도 사회어용론적인 요인에 의해 사용되지 않게 되었고, 그 대신 역사적인 2인칭 복수 대명사 you 를 사용하게 됨에 따라, 굴절어미 -ast 자체도 생존의 기회를 잃고 thou 와 연동하여 사라지고 말았다. 2인칭 단수 현재형의 굴절어미는 2인칭 복수 현재형 you 에 대응하는 굴절어미와 같은 형태를 취하게 되었기 때문에 여기에도 love 가 침입하게 되었다.

마지막으로 3인칭 단수 현재형 lufaþ 에 대하여 살펴 보자. 어미에 소실되기 어려운 자음을 지니고 있었기 때문에 중세영어까지는 거의 그 형태가 유지되었다. 중세영어에서는 그 유래에 대하여 설이 분분한 -s 어미가 세력을 넓혀서 역사적 -þ 를 치환할 정도가 되었는데, 새로 대두된 이 -s 는 소실되기 어려운 안정된 자음이었기 때문에 이것이 현대영어에 이르기까지 살아남았다. 다른 굴절어미들이 음성적으로 약화·소실되거나 아니면 다른 주요 어미에 의해 치환되거나 해서 최종적으로 소멸된 데 반해, 3인칭 단수 현재형 어미 -þ 또는 그 뒤를 이은 -s 는 음성학적으로 강력하게 안정되어 있었다는 이유로 우연히도 지금까지 살아남게 된 것이다. 3인칭 단수 현재형 -s 어미는 직설법 현재형 굴절체계에서의 최후의 생존형태라 할 수 있다.

지금까지의 이야기를 정리해 보면, 통시적 시점에서 문제가 되는 것은 '왜 3인칭 단수 현재형에 -s가 붙는가'가 아니라 '왜 3인칭 단수 현재형 이외의 다른 형태에는 어미가 없는가'이다. 부정관사에 대한 문제에서도 그랬듯이, 현대영어에서 '왜 ○○에만 □□가 적용되는가'라는 질문은 역으로 '왜 ○○ 이외에서는 □□가 적용되지 않는가'라고 바꾸어 질문하는 것이 적절한 경우가 종종 있다. 영어사를 배우면서 문제를 뒤집어 생각하는 습관을 습득하기 바란다.

3.2 왜 *foots, *childs가 아니라 feet, children인가?
— 규칙과 불규칙(1)

3.2.1 규칙복수 -s의 기원

고대영어는 현대영어보다 더 굴절적 언어라서, 명사는 성·수·격에 대응하여 다양하게 변화하였다. 주요 굴절 패턴의 수만 해도 10종류 가까이 존재했을 정도이며 명사에 따라서 어떤 패턴을 취하는가가 결정되었다. 그 중에서도 특히 우세했던 것이 '남성강변화굴절' 패턴이다. stān "stone"이라는 명사를 예로 들어 굴절표를 보이겠다.

단수	주격/대격	stān
	속격	stānes
	여격	stāne
복수	주격/대격	stānas
	속격	stāna
	여격	stānum

이 복수 주격·대격에 해당하는 stānas의 어미 -as가 현대영어의 규칙 복수형 어미 -(e)s의 기원이다. 고대영어에서 이 패턴에 속하는 명사는 전체의 1/3 정도로 절대적으로 우세했던 것은 아니나 상대적으로 다른 패턴보다는 눈에 띄었다. 이것이 중세영어 이후 급속하게 다른 패턴을 누르고 대부분의 명사가 이 굴절 패턴을 취하게 된 것이다.

복수형 어미 -s의 확대와 일반화의 경위는 다음 그래프가 보여 주듯이 영국 방언에 따라 차이가 있기는 하나 대략 13-14세기에 이미 현대영어에 가까운 상황이 되었다.

방언별 -s 복수형 확대 추이

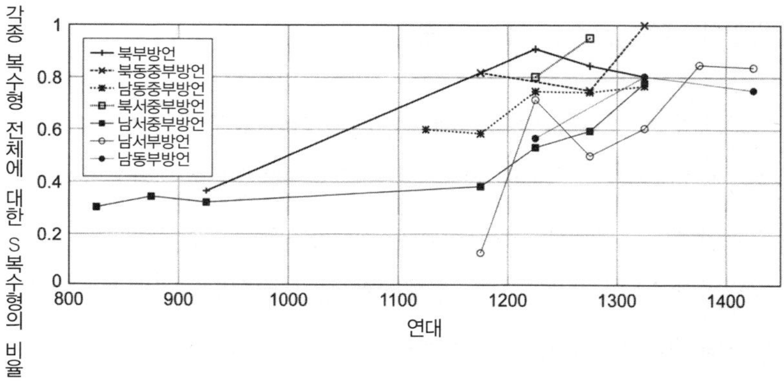

Hotta, *The Development of the Nominal Plural Forms in Early Middle English*에서 인용

3.2.2 child의 복수형이 children이 된 까닭

그러나 모든 명사가 stānas 패턴을 취한 것은 아니었다. 일련의 고빈도 명사 중에는 고대영어기의 굴절 패턴을 유지하거나, 또는 본래의 패턴을 다소 변형한 정도로 머물러 있던 것들이 있다.

children은 영어 학습 초기에 마주하는 불규칙 복수형의 대표적인 예인데, 이것은 왜 이와 같은 형태를 지니게 되었을까? 그 많은 영어 어휘 중 -ren을 첨가하여 복수형을 형성하는 예는 이 단어뿐이다. 현대영어의 불규칙 복수형의 기원은 고대영어로 거슬러 올라간다. 현대영어에서 규칙 복수를 만드는 -s는 고대영어에서도 역시 압도적으로 우세하긴 했지만, 그 외에도 -an, 제로 어미(무변화), 우물라우트(또는 i-mutation) 등에 의한 복수(엄밀하게 말하면 복수 주격형)형성법이 일반적으로 흔히 관찰되었다. 현재는 드물게 보이는 이들 패턴도 고대영어에서는, stān 패턴만큼 현저하지는 않았지만, 충분히 규칙적이라고 할 수 있을 만큼 체계적인 역할을 담당하고 있었던 것이다.

그런 고대영어에서조차도 매우 드물게 보이는 복수형성어미로서 -ru라는 어미가 존재하였다. 이것은 일부 중성명사에서 규칙적인 굴절어미였다. 그리고 cild "child"가 바로 이 어휘류에 속했었다. 이 외의 예로서 ǣg "egg", cealf "calf", lamb "lamb" 등이 있으며, 이들 어휘는 모두 -ru를 첨가하여 복수(주격)형을 만들었는데, 수적으로 압도적이었던 -s 어미 규칙복수에 대한 유추에 의해서 현재에 이르기까지 -s를 첨가하는 규칙복수형이 우위를 차지하게 되었다. 명사 복수형뿐만 아니라 고빈도어의 경우에는 불규칙성을 유지하는 경향이 강한데 children 만이 고대영어 -ru 복수의 흔적을 지니는 것으로 현재까지 남아 있다.

이와 관련하여 같은 게르만어계에 속하는 독일어에서 일부 중성명사에 붙는 -r(현대의 -er)은 중세 고지 독일어에서 이상한 발달을 보였다. 본래 그 그룹에 속하지 않았던 중성명사로까지 널리 퍼졌을 뿐 아니라 일부 남성명사에까지 침범하여 현재는 100개 이상의 명사에 첨가되는 주요 복수어미 중 하나가 되었다. children에만 그 흔적이 남아있는 영어와는 무척 다른 역사를 걸어 온 것이다.

그러나 아직 이야기는 끝나지 않았다. 고대영어의 복수형 cildru가

순조롭게 현대영어로 전해져 내려왔다면 *childre 나 *childer 와 같은 형태가 되었을 것인데, 실제로는 -n 어미가 첨가되어 children 이 되었다. 이것은 고대영어에서 중세영어에 걸쳐 -s 복수에 버금가는 세력을 지녔던 -n 복수가 첨가되었기 때문이다(현대영어의 -n 복수는 ox/oxen, brother/brethren 등에서 흔적을 찾을 수 있을 뿐이다). 본래는 -r(u) 만으로도 복수를 표시할 수 있었으므로, 거기에 또 복수어미 -n을 첨가하는 것은 이치로 보면 불필요한 것이었지만, 결과적으로 이러한 **2중 복수**(double plural)의 형태가 정착하게 되었다. -r(u) 어미의 복수표시기능은 중세영어기에 이미 쇠약해졌을 것으로 여겨진다.

3.2.3 foot 의 복수는 왜 feet 인가?

다음으로 foot/feet 이라는 단수 복수 불규칙 쌍에 대해서 생각해 보자. foot(고 fōt)은 고대영어기부터 이미 특수한 굴절 패턴에 속해 있었다. 이 패턴에서는 복수 주격·대격과 단수 여격에서 단수 주격형을 표시하는 모음 ō 와는 다른 모음 ē가 나타난다. 그것은 원래 그 세 종류의 격형에 붙는 굴절어미에 모음 i가 포함되어 있었기 때문이다. i는 음성학적으로 전설고모음으로서 어떤 의미에서는 매우 발음하기 어려운 모음이다. 이 모음은 인접한 모음을 자신의 위치로 끌어당기는 흡인력이 있다. 구체적으로 보면, 몇몇 모음을 아래와 같은 화살표 방향으로 끌어당긴다.

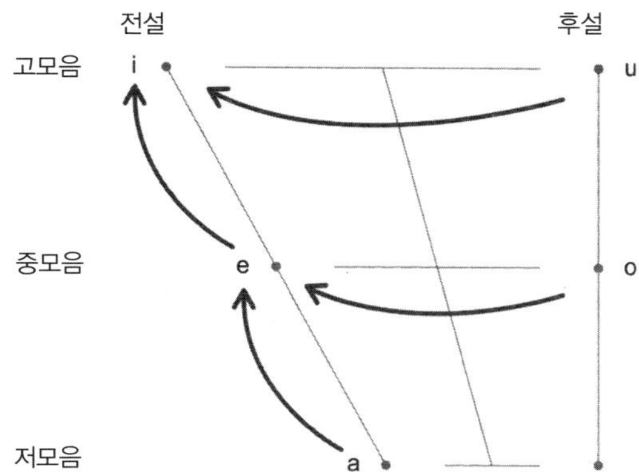

fōt가 속하는 굴절 패턴에서는 게르만 조어 단계에서 복수주격·대격 어미로 *-iz를 취하였다. 따라서 게르만 조어에서는 * fōt-iz가 되었을 것이다. 여기서 굴절어미에 포함된 i가 '끌어당김' 효과를 발휘한다(이 현상은 독일어에서도 일어나는데 이를 '우물라우트'라고 부르며, 영어에서는 i-mutation이라고도 한다). 이에 따라 제1음절의 ō는 ē로 변하여 * fēt-iz가 된다. 그 후 고대영어에 이르기까지 우물라우트를 일으켰던 원흉인 i를 포함하는 굴절어미 전체가 소실되어 fēt로 남게 되었다.

이러한 일련의 변화는 5세기경 게르만 제어에서 발생하였고, 각 언어의 형태음운론에 커다란 영향을 미쳤다. 특히 독일어에서는 형태론상 중요한 과정이 되었다(ex. ä, ö, ü, äu).

현대영어에서는 우물라우트가 생산적 과정은 아니나 많은 단어에 그 흔적이 남아 있으며, foot / feet와 같은 종류의 단수·복수 명사 쌍으로 man / men, woman / women, mouse / mice, tooth / teeth, goose / geese, louse / lice를 들 수 있다. 이 외에도 형용사에 대응하는 추상명사 쌍으로 long/length, stong/strength, broad/bredth, foul/

filth, hot/heat가 있으며, 형용사 원급과 비교급 쌍으로는 old/elder를 들 수 있다. 형용사·명사와 동사 쌍으로는 blood/bleed, brood/breed, doom/deem, food/feed, full/fill, gold/gild, loan/lend, loft/lift, sale/sell, see/sight, tale/tell을 들 수 있다. 동사의 불규칙 활용에서 과거(분사)형과 원형의 관계에서 보면 bought/buy, brought/bring, sought/seek, taught/teach, thought/think도 이에 속한다.

우물라우트는 약 1500년 전 옛날에 일어났던 음 변화이지만, 그 흔적이 현대영어에서 불규칙으로 보이는 수많은 단어 쌍에 남아 있다. 아주 옛날에 일어난 음 변화를 이해함으로써 전혀 관계가 없는 것처럼 보였던 단어쌍들이 실은 일찍이 음운규칙의 적용을 받아 생겨난 것들임을 알 수 있다. 영어사를 배우면 이와 같은 예들을 많이 발견하게 된다.

이 외에도 무변화 복수 sheep이나 외래 복수 alumni 등, 복수형에 대해서 이야기하고 싶은 것이 산처럼 많은데, 그 모든 것이 다 현재는 불규칙인 것처럼 보여도 역사적으로는 규칙적이었던 것들이다.

3.2.4 고빈도어와 불규칙복수

영어에서뿐만 아니라 일반적으로 많은 언어에서 사용빈도가 높은 어휘는 묘한 행동을 보인다. 현대영어에서는 명사의 복수, 형용사·부사의 비교급·최상급, 동사의 과거·과거분사에서 불규칙 활용을 보이는 어휘들 중에 확실히 고빈도어가 많다. 명사 복수형만 보더라도, 차용어는 제쳐두고 본래어만 생각해도 men, children, feet, teeth 등이 금방 떠오른다. 그러나 geese, mice, oxen, sheep 등이 과연 고빈도어라고 할 수 있을까? 현대영어 코퍼스에 근거한 고빈도어 목록을 참조하면 goose나 ox 등은 상위 6000어에 들어 있지도 않다.

그러나 goose나 ox도 옛날에는 인간과 친숙한 동물이었고, 어휘 사용 빈도도 높았을 것이라 여겨진다. 시대의 흐름에 따라 그런 동물들이 친숙하지 않게 되었어도 어휘들은 일종의 타성에 의해 불규칙형을 그대로 유지해 온 것이라고 짐작된다. 사회나 환경의 변화가 즉각 언어에 반영되는 경우도 있지만 보통은 반영될 때까지 시간이 걸리며, 그 시간차가 수 세기에 달하는 경우도 있다. 따라서 현대 또는 과거의 고빈도만을 근거로 하여 불규칙한 현상을 체계적으로 설명할 수는 없지만, 빈도와 규칙성의 관계를 무시할 수 없는 것은 확실하다. 언어에서 빈도가 높은 어휘일수록 불규칙하게 행동하기 쉽다는 것은 여러 외국어를 습득하는 데 있어서 초보 학습자는 늘 불규칙성 때문에 골치가 아프다는 것을 의미한다.

고빈도어가 옛날 형태를 그대로 유지하는 경우가 많고, 또한 공시적으로 불규칙으로 보이는 데에는 이유가 있다. 고빈도어는 어린이가 최초로 듣고 최초로 학습하는 단어이기 때문인데, 예컨대 복수형의 경우에 -s를 첨가하는 생성규칙을 습득하기 전에 불규칙형 그대로를 먼저 습득하여 기억의 서랍 속에 꽁꽁 넣어 두는 것이다.

본 절에서는 일찍이 몇몇 중소규모의 규칙(-n, -ru 복수)으로 이루어졌던 명사의 굴절체계가 현재까지 하나의 대규칙(-s 복수)과 사실상 불규칙으로 보이는 몇몇 국소규칙 체계로 재편성되어 온 것을 살펴보았다. 몇몇 국소규칙은 공시적으로는 불규칙한 사례들의 모임으로 보이므로, 그것들을 학습할 경우에는 아무래도 예외사항, 암기사항이 되어 버린다.

3.3 sometimes의 -s는 무엇을 나타내는가?
— 고대영어 격의 흔적

3.3.1 고대영어의 속격

공시적 감각으로는 제목에 제시한 sometimes는 some + times가 합쳐진 형태라고 이해하는 경우가 많을 것이다. 그러나, 기원적으로는 -s는 고대영어의 단수 속격 어미, 현대적으로 말하면 소유격을 나타내는 -'s와 동일한 기원을 지니는 어미로 거슬러 올라간다. 앞 절 첫머리에서 예시한 stān 유형의 굴절에서는 단수 속격 어미로서 -es를 취했는데, 이것이 나중에 다른 굴절 패턴에도 영향을 주게 되어 모든 명사가 -(e)s(후에 -'s)를 가지고 속격을 형성하게 되었다. 현대영어에서는 "소유"격이라고 불리는 탓에 '~의'라는 소유의 의미를 떠올리기 쉬운데, 고대영어 속격은 명사를 부사화하는 역할도 했다. 따라서 sometimes의 some은 "어떤"의 의미를 지닌 부정관사에 가까운 용법으로 쓰였으며, 전체적으로는 "어떤 때에"라는 의미가 된다.

명사를 부사로 전환하는 **부사적 속격**(adverbial genitive) 용법의 다른 예로서 once와 twice를 들 수 있다. 철자상으로는 -ce로 표기되나 옛날에는 -s로 표기되었으며, one's나 two's의 형태로 쓰였다. 중세영어에서는 ones나 twies 등으로 표기되었는데, 근대영어에 들어와서 이들 발음이 유성음인 [z]가 아니라 무성음인 [s]라는 것을 명시하기 위하여 프랑스어 철자 습관을 빌려 <ce>로 바꾸었다. 이러한 과정을 거쳐 철자가 <ce>로 바뀐 어휘로는 hence, pence, fence, ice, mice 등이 있다(1.3.2를 참조). 옛날에는 이 속격형 ones, twies가 '한 번' '두 번'의 의미를 지닌 부사로 사용되었는데, 그것이 현재까지 화석화되어 생존한 것이 once, twice이다.

중세영어기에도 부사적 속격은 건재하였으며, sometimes, once, twice 이외에도 시간이나 장소 등을 나타내는 명사의 속격이 많이 사용되었다. 예를 들면, always, nowadays, besides, else, needs의 어미 -s(e)는 옛 속격어미에서 유래한 것이며, 복수어미 -s와 어원적으로 관계가 없다. towards, southwards, upwards 등 -wards를 지니는 단어도 속격어미의 잔재를 보여주는 것이다.

또한 I go shopping Sundays.와 같은 문장에서 Sundays는 오늘날 복수형으로 해석되는 것이 보통이나, 그 기원은 단수 속격이다. 속격 표현이 나중에 전치사 of를 사용한 표현으로 대체된다는 것을 생각할 때, of a Sunday "일요일 같은 날에"라는 현대영어의 표현은 Sundays와 본질적으로 같은 의미라는 것을 알 수 있다.

3.3.2 고대영어의 대격

고대영어의 속격이 명사를 부사화하는 역할을 했었다는 것, 그리고 그 흔적이 현대영어의 꽤 많은 단어에서 확인된다는 사실을 살펴 보았다. 이와 마찬가지로 고대영어의 대격에 대해서도 몇몇 예를 들고자 한다.

현대영어의 명사에는 부사적 목적격이라는 용법이 있다. 목적격은 종종 역사적인 대격에 해당되므로 이러한 용법은 **부사적 대격**(adverbial accusative)이라고도 불린다. 명사(구)가 부사(구)로 사용되는 부사적 목적격의 사용 예는 많지만 전형적인 예를 몇 개 들어 보면 다음과 같다(이탤릭체 부분이 부사적 목적격으로 사용되는 명사(구)).

- It's fine *today*.
- Come *this way*.
- They walked *ten miles*.
- We are united to each other *heart* and *soul*.
- What *the hell* is all this?

이들 부사적 목적격 용법은 고대영어의 부사적 대격 용법과 유사하다. 현대영어에서는 당연하게 부사적으로 쓰이고 있는 go home의 home도 기원을 거슬러 올라가면 명사 home(고 hām)의 대격일 뿐이다. 고대영어 hām은 남성강변화명사이며 단수 대격이 종종 단수 주격과 동형인 탓에 형태상으로는 구분이 안 되지만, And hiʒ cyrdon ealle ham "And they all returned home" 등에서는 확실히 방향을 나타내는 대격으로 사용되고 있다.

이러한 home이 훗날 명사의 대격형이 아닌 순수한 부사로 해석되어 근대영어에서는 '집으로(가다)'라는 방향의 의미뿐만 아니라 '집에(있다)'라는 위치의 의미도 지니게 되었다. 뿐만 아니라 '본거지로, 돌아가야 할 곳으로'로부터 '겨냥한 곳으로, 제대로' 등의 의미가 생겨나게 되어, drive a nail home이나 The spear struck home to the lion's heart. 등의 표현이 생겨났다. 현대에 쓰이는 구문 bring sth home to sb나 come home to sb에서 나타나는 '뼈저리게'의 함의도 이 연장선상에 있는 것이다.

이들 부사적 목적격 용법의 모든 경우가 다 고대영어에 근거한 것은 아니다. 그러나 고대영어에서도 중세영어에서도 부사적 용법을 지니는 대격의 형태는 종종 주격과 동형이었기 때문에 주격이 그대로 부사적 역할을 할 수 있다는 통념이 싹트게 되어 그 이후 어미가 붙지 않은 원형 상태의 명사가 단독으로 부사적 기능을 하게 되었다고 생각할 수 있다. Wait a munute.과 같은 문장은 Wait for a minute.에서 전치사가 탈락한 것이라고 생각할 수도 있는데, 역사적으로는 오히려 부사적 대격을 사용한 전자가 원형이며, 나중에 명시적으로 '기간'을 나타내는 전치사가 첨가되었다고 보는 편이 더 타당하다.

이상, 고대영어의 속격 및 대격에서 유래하는 명사 형태의 부사적 역할에 주목했는데, 이와 같이 형태적으로는 격을 나타내고 있는 것처럼 보이지 않아도, 기능적으로는 일찍이 격의 기능을 계속 유지해 온 예들이 있다.

3.4 왜 불규칙동사가 있을까?
— 규칙과 불규칙(2)

3.4.1 불규칙동사의 규칙화

현대영어의 동사는 과거형·과거분사형을 만드는 방법에 따라 **규칙동사**(regular verb)와 **불규칙동사**(irregular verb)로 구분된다. 규칙동사는 원칙적으로 동사의 원형에 -ed라는 어미를 붙여서 과거형·과거분사형을 만든다. 발음은 어간 말음에 따라 [d], [ɪd], [t] 중 하나가 되는데, 모두 혀끝을 치경에 접촉하여 만드는 자음들이다(ex. played, wanted, looked). 이는 게르만계 언어에 공통된 과거형·과거분사형 형성법이다. 한편, 불규칙동사는 여러 가지 하위구분이 가능한데, 대개는 **모음교체**(ablaut or gradation)에 의해서 과거형·과거분사형을 만든다. swim-swam-swum, give-gave-given, come-came-come과 같은 유형이 그것이다. 불규칙 동사에는 기본동사가 많으므로 꽤 많은 불규칙동사가 있는 것처럼 착각하기 쉬운데, 사실은 자주 쓰이는 것은 70개 정도이다. 그 이외의 무수히 많은 동사들은 -ed로 과거형·과거분사형을 만드는 규칙동사이다.

그러나 옛날부터 이러한 분포를 보였던 것은 아니다. 고대영어에서는 대략 규칙동사에 해당하는 것들을 **약변화동사**(weak verb)라고 불렀고, 불규칙동사에 해당하는 것들을 **강변화동사**(strong verb)라고 불렀는데, 후자는 270개 어휘 정도 존재했었다. 그러나 이후 1000년 동안 불규칙동사는 격멸하였다. 이 270개 어휘가 걸어온 발자취의 유형은 다음 중 하나이다.

(1) 불규칙동사(강변화동사)로 머물렀다.
(2) 불규칙동사(강변화동사)와 규칙동사(약변화동사)사이에서 현재도 흔들리고 있다.
(3) 규칙동사화(약변화동사화)하였다.
(4) 폐어로서 영어에서 사라졌다.

각각의 내역은 다음과 같다. 대략적으로 말해서, 고대영어 강변화동사의 1/3은 사라졌고, 1/3은 규칙동사화하였으며, 1/3은 불규칙동사로 머물렀다고 할 수 있다.

고대영어 강변화동사의 현대영어에서의 상태

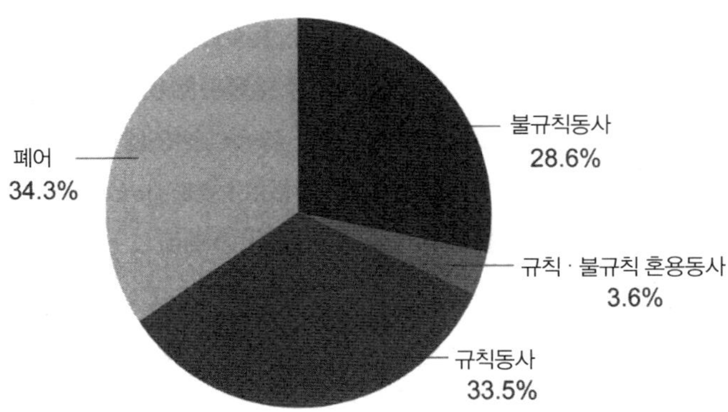

Görlach, *The Linguistic History of English*를 기초로 하여 작성

나중에 간단하게 구체적인 예를 들겠지만, 정의상(1)은 현대영어에 남아있는 불규칙동사이고, (4)는 현대영어에 남아있지 않은 어휘이므로 설명은 생략하도록 하겠다. (3)의 대표적인 예는 help이다. 이 동사는 고대영어에서 모음교체를 보이면서 helpen - healp/hulpon - holpen과 같이 활용했었는데, 현대영어에서는 규칙동사가 되었다(과거형 계열로서 healp/hulpon의 두 종류가 있었다는 것에 대해서는 나중에 설명하겠다). 그 외에도 shave, step, yield 등도 옛날에는 불규칙동사였다. (2)의 유형에는 mow - mowed - mowed/mown, show - showed - showed/shown, prove - proved - proved/proven 등이 있는데, 그 경향을 보면 -ed가 붙은 규칙형의 사용이 우세하다. 이 유형에 속하는 동사에서 불규칙한 과거분사형이 사라지는 것도 시간문제일지도 모르겠다.

3.4.2 과거형의 다양화

현대영어에 이르기까지 살아남은 강변화동사는 활용방식에 따라 drink - drank - drunk와 같은 ABC형이나 win - won - won과 같은 ABB형 등 몇 가지 종류로 구분되는데, 이들은 근대영어 이후 표준영어에서 확립된 것으로 여겨진다. 근대영어에서도 아직 과거형이나 과거분사형의 모음이 정착되지 않은 모습을 적지 않게 볼 수 있으며, 현재도 방언을 포함한 비표준 변종에서는 다른 모음이 쓰이기도 한다.

drink와 win이 서로 다른 활용유형을 보이는 점이나, 기타 근대영어에서 보이는 흔들림은 고대영어의 강변화동사에서 제1과거형('단수 과거형'이라고도 함)과 제2과거형('복수과거형'이라고도 함)의 두 종류의 구별이 있었다는 사실과 관계가 있다. 고대영어에서는 각 동사는 주어의 수와 인칭에 따라 두 개의 서로 다른 과거형을 지녔다. drink로 예를 들면, 부정형 - 제1과거형 - 제2과거형 - 과거분사형의 순으로 drincan - dranc - druncon - druncen과 같이 활용하였고, win의 경우에는 winnan - wann - wunnon - wunnen과 같이 활용하였다(이 네 가지 형태를 주요활용형(principal parts)이라고 한다).

그런데 중세영어 이후 굴절체계 전체가 생략되는 조류에 따라 이들 동사의 과거형은 두 종류의 형태를 구분하는 기회를 점차 잃게 되었다. 제1과거형이나 제2과거형 중 하나가 우세해지면서 서서히 단일 과거형으로 기능하게 되었는데, 이 과정은 상상하는 것 이상으로 복잡했으며, 근대영어기에 이르러서도 그 형태가 정착하지 못하고 극심하게 흔들림을 보이거나 방언차나 개인차를 심하게 보이는 동사도 많았다. drink의 경우 어쩌다가 제1과거형 dranc에서 유래한 형태가 표준영어의 과거형으로 정착하게 되었고, win의 경우에는 우연히도 제2과거형 wunnon(나중에 철자가 won으로 바뀌면서 [wʌn]으로 발음하게 되었다)에서 유래한 형태가 채용된 것이다.

제1과거형과 제2과거형 중 어느 것을 채용하는가를 결정짓는 요인을 특정할 수는 없다. drincan과 winnan이 속하는 '강변화 제 3 종'의 다른 동사에 대해서 살펴보면, drincan과 같이 훗날 제1과거형이 채용된 것에는 hringan "to ring", scrincan "to shrink", sincan "to sink", singan "to sing", springan "to spring", swimman "to swim" 등이 있으며, winnan과 같이 제2과거형이 쓰이게 된 것에는 clingan "to cling", spinnan "to spin", stingan "to sting", wringan "to wring" 등이 있다.

그러나 현대 비표준 변종에서는 과거형에서 별도의 모음을 지니는 형태가 사용되는 경우도 적지 않다. 예를 들면, sing의 과거형은 표준 변종에서는 sang이지만 비표준변종에서는 sung이 사용되는 경우도 있다(내가 아는 어떤 영어 모국어 화자는 가정에서는 과거형으로 늘 sung을 사용하고 있다고 한다). 또한 spin의 과거형도 표준변종에서는 spun이지만 그 이외의 변종에서는 span일 수 있다. 이와 같이 특히 근대영어에서 과거형의 혼돈은 매우 심했으며 다양한 형태가 공존하고 있었다. 예를 들어 보겠다.

broke : brak, brake, break, broake, brok, broke
ate : ate, eat, eate, ete
sang : sang, sange, song, songe, sung
spoke: spak, spake, spoak, spoake, spock, spoke
wrote : wrat, wrate, wret, wrett, writ, write, writt, writte, wrot, wrote, wrott, wrotte, wryt, wryte, wrytt

현대영어에서 결과적으로 과거형은 원칙적으로 하나만 존재하게 되었으나, 옛 시대의 흔적이 어떤 동사에는 화석화하여 잔존하고 있다. 그것은 바로 be 동사이다. 제1과거형(단수과거형)이 was이고, 제2과거형(복수과거형)이 were이다. 이 경우 역시 초 고빈도 어휘가 옛 형태를 유지하는 예 중의 하나라고 할 수 있다.

3.4.3 set - set - set

현대영어에서는 set - set - set, put - put - put, let - let -let과 같은 무변화활용동사가 몇 개 있다. 무변화활용동사를 모두 열거하면 bet, bid, burst, cast, cost, cut, fit, hit, hurt, knit, let, put, quit, rid, set, shed, shit, shred, shut, slit, split, spread, sweat, thrust, wed, wet 이다(이 중에는 과거·과거분사형으로 -ed를 취해도 되는 것도 포함되어 있다).

이들 동사 어간의 공통점은 단모음을 가졌다는 점(burst의 ur도 여기에서는 음운적으로 단모음 + 자음 형태로 보기로 한다)과, 치경파열음 [d, t]로 끝난다는 점이다. 고대영어 및 중세영어에서 이같은 음운조건을 지닌 동사들은 약변화 과거·과거분사 접미사 -ed를 붙일 때 모음 부분을 탈락시키고 어간말음을 겹쳐서 중자음 [-dd-, -tt-]을 만들어 사용하였다(ex. wedde, sette). 그런데 후기 중세영어기에 이르기까지 그러한 중자음을 회피하여 점차 단자음으로 바뀌는 **탈중자음화**(degemination)라는 변화가 생기게 되어, 과거와 과거분사의 어간도 부정사나 현재의 어간과 마찬가지로 [d, t]로 끝나는 형태로 수렴되었고, 그 결과 무변화활용이 탄생하게 되었다. 단, knitted, quitted, wedded 등과 같이 새로운 규칙형이 생겨나기도 했으므로, 위에서 말한 음운조건은 무변화활용의 필수조건이기는 해도 충분조건은 아니다.

그러나 실제로 음운과정에 의한 설명은 약간 만족스럽지 못한 부분이 있다. 앞서 언급한 탈중자음화는 중세영어에서의 변화과정을 설명해 주기는 하지만, 그에 앞서는 접미사 모음의 탈락이나 중자음화 과정은 이미 고대영어기에 일어난 것으로 생각해야 한다. 그런데 앞에서 열거한 현대영어의 무변화활용 동사군 모두의 기원이 고대영어에 있는 것은 아니다. 예를 들면, hit(고 hyttan), knit(고 cnyttan), set(고 settan), shut(고 scyttan), wed(고 weddian) 등은 고대영어기로 거슬러 올라갈 수 있으나, cast, cost, cut, fit, hurt, put, split, spread 등은 첫 등장이 중세영어 이후의 차용어나 조어이다. 또 bid, burst, let, shed, slit 등은 원래 강변화동사이며 나중에 약변화동사화한 것인데, 그 변화시기와 위에서 말한 음운과정이 일어난 시기가 어떻게 관련되어 있는지 확실하지 않다. 고대영어의 약변화동사로 확실하게 거슬러 올라갈 수 없는 이들 동사에 대해서도 set이나 knit의 경우과 마찬가지로 음운과정에 의한 설명을 적용할 수 있을까?

오히려 그런 동사는 공통된 어간 음절구조를 가졌다는 점에서 음운사적으로 '정통'한 무변화활용동사 set이나 knit와 공시적으로 연관되어 있으며, 유추에 의해 무변화활용을 채용하게 된 것이 아닐까 생각된다. 영어사에서 강변화동사 → 약변화동사 라는 흐름(강약이행)은 일반적인 것이며, 유추의 대표적인 예로 자주 언급되지만, 약변화동사 → 무변화활용동사 라는 유추의 흐름도 주변적이기는 해도 이와 같이 존재했었다고 여겨진다. 적어도 무변화활용동사의 일부는 순수한 음운변화 결과로서가 아니라 형태적 유추의 결과로 볼 필요가 있을 것이다.

3.4.4 왜 go의 과거형이 went가 되었을까?

현대영어의 불규칙동사 중에서도 특히 불규칙성이 두드러지는 동사로 go가 있다. go - went - gone으로 활용한다. 과거분사 gone은 그래도 수긍이 가는데, 과거형 went와 go의 연관성은 전혀 알 수가 없다. 다른 불규칙 동사들은 make - made - made나 drive - drove - driven 등에서와 같이 원형과의 연관성이 보인다. teach - taught - taught 마저도 go에 비하면 연관성이 있을 것으로 보인다.

실제로 went는 어원적으로 go와는 전혀 관계가 없다. 본래 went는 wend '향하게 하다, 향하다'라는 별개 동사의 과거형이다. '가다'의 의미에 가깝기는 하지만 그렇다고 go의 과거형 자리에 다른 동사의 과거형 went가 들어오게 된 까닭은 무엇일까?

동사 활용의 '현재형 - 과거형 - 과거분사형'과 같이 일정한 패러다임(어형변화표)이 있을 경우에 그 중 어느 자리엔가 전혀 어원이 다른 형태가 끼어드는 경우가 있다. 이것을 보충법(2.4.4 참조)이라고 한다. go의 과거형인 went는 현대영어에서 볼 수 있는 보충법의 일례이다. 보충법의 다른 예로서 형용사의 비교변화를 들 수 있다(ex. good - better - best, bad - worse - worst). 또 형용사와 부사 쌍에서 quick - quickly와 같이 부사에 -ly를 붙이는 것이 보통인데(다음 절 참조), good - well과 같이 별도의 어간을 사용하는 예도 있다. 이 경우도 well은 보충된 부사라고 여겨진다. 현대영어에서 특히 두드러지는 보충법의 예는 be 동사이다. am, are, is, was, were, be 등, 서로 다른 어간을 사용하고 있다(4.2 참조).

왜 go의 과거형에 went가 보충되었는가 하는 특정 질문에 답하는 것은 어렵다. 단지 말할 수 있는 것은, 보충법은 고빈도어의 패러다임에서 자주 일어난다는 것이다. '고빈도어는 묘한 행동을 보인다'는 일례라고 할 수 있다.

단, 왜 go의 과거형이 went가 되었으며, 왜 아직도 went인 상태로 있으며 goed로 변화하지 않고 있는가에 대한 것은 별개의 문제이다. 전자에 대해서는 영어사적으로도 좀처럼 답할 수 없지만, 후자에 대해서는 고찰의 여지가 남아있다. 영어를 모국어로 습득하는 어린이는 go의 과거형에 대해서 그 습득 단계에서 went → *goed → went의 경로를 거친다고 한다. 형태규칙을 적용한 *goed의 과정을 한 번은 반드시 거쳐감에도 불구하고 최종적으로는 went를 습득하게 되는 것은 매우 흥미롭다. 이해하기 쉽고 수행하기 쉬운 *goed를 마다하고 어떻게 결국 went를 채용하게 된 것인지, 언어의 체계성 지향이라는 관점에서 볼 때 이것은 풀기 어려운 수수께끼이다.

went라는 불규칙형(불규칙성이 강한 보충형)이 뿌리깊게 정착한 요인으로서, 종종 go라는 어휘의 극단적인 높은 빈도를 지적한다. 빈도 높은 어휘의 굴절형은 형태규칙 적용 없이 직접 그 형태로 접근하는 것이 합리적이라고 여겨진다(3.2.4 참조). be 동사가 보이는 이상한 불규칙성도 이와 마찬가지로 설명될 수 있다.

불규칙 변화에 관한 의문에 대하여 "고빈도어는 묘한 행동을 보이니까"라는 답변은 확실히 하나의 설명 원리라고 할 수는 있다. 그러나 사회언어학적 관점에서 별도의 흥미로운 설명원리를 제시할 수 있다. 사회언어학 이론 중 하나로, 화자는 소속된 공동체에 대하여 언어적으로 순종하는 자세를 보인다고 한다. 즉, 개개 영어화자는 불규칙형을 습득하여 사용함으로써 불규칙성을 포함한 커다란 의미에서의 영어의 전체 규칙에 따르고 있다는 것을 타인에게 보이고 있다는 것이다. 규칙적으로는 *goed 라고 해야 하는 곳에 went 를 사용하는 것이 영어화자 집단의 규칙에 따르고 있음을 보여주는 것이다. 언어체계에는 기능성이나 규칙성의 경향이 확실히 있기는 한데, 한편으로는 그것과 종종 상반되는 형태로 사회적인 요구를 충족시키는 경우도 있다. 다시 말해서, 이 이론은 언어 코드의 최적화 작용보다는 그 사회의 수용적 기능에 주목하여 불규칙한 형태의 존속을 설명하고자 하는 것이다.

이 설명은 go 의 과거형이 went 가 된 이유를 직접적으로 언급하지는 않지만, 일단 went 가 확립된 후에 왜 그것이 고집스럽게 지속적으로 사용되어 왔는가에 대한 문제에 대해서는 언어 기능이라는 관점에서 하나의 통찰을 제공해 준다. 언어에서의 불규칙성은 개개 화자가 그것을 습득하여 사용할 수 있는 상태로 되는가 안 되는가를 그 화자 집단 전체가 테스트하는 리드머스시험지이며, 사회에 대한 순응을 조장하기 위한 도구일지도 모른다.

3.5 왜 -ly를 붙치면 부사가 되는가?
— 형용사와 부사의 관계

3.5.1 -ly는 부사접사인가?

현대영어에서 -ly가 형용사로부터 부사를 만드는 전형적인 접사임은 잘 알려져 있다. nice-nicely, quick-quickly, terrible-terriblly 등과 같은 형태이다. 이러한 과정은 매우 생산적이며 원칙적으로 어떤 형용사에도 적용된다.

그런데 실제로는 -ly가 명사로부터 형용사를 만드는 접사로도 기능한다. 예를 들면, beastly, cowardly, fatherly, friendly, knightly, rascally, scholarly, womanly 등. 시간을 나타내는 daily, hourly, weekly, yearly 등도 마찬가지이다. 부사접사로도 형용사접사로도 쓰이는 이 -ly는 도대체 무엇일까?

고대영어에서 이에 대응하는 접사는 -līċ이다(ċ는 [ʧ]를 나타낸다). līċ는 독립형으로는 "형(形), 체(體)"를 의미하는 명사이다. 이것은 현대영어 like '~와 같은, ~와 비슷한'의 어원이기도 하다. -līċ가 접사로서 다른 명사에 붙으면 '(명사)의 모양을 한, (명사)와 같은'이라는 형용사적 의미가 생겨난다. 현대영어에서도 -like가 붙는 형용사가 있는데 그 성립과정을 보면 -ly와 똑같다는 것을 알 수 있다(ex. businesslike, childlike, lifelike). 실제로 형용사 접사로서의 -like는 -ly와 같든가 혹은 그 이상으로 생산적이며, 사실상 어떤 명사에도 붙어서 형용사를 만들 수가 있다(ex. doglike, jerry-like, sphinxlike).

이와 같이 -ly(고 -līċ)가 처음에는 형용사 접사였음을 확인할 수 있다. 그렇다면 부사 접사로서의 -ly는 어디로부터 온 것일까? 고대영어에서는 형용사가 여격으로 굴절하면 부사로 기능할 수 있었다. 예를 들면, 형용사 heard 'hard'가 어미 -e가 붙어서 부사 hearde가 되었다. 대개는 어미에 -līċ가 붙는 형용사의 여격형은 어말에 e를 첨가한 -līċe 였다. 그런데 중세영어기에 걸쳐 일어난 어미음 소실로 인하여 여격 어미 e가 탈락되었고, 결과적으로 형용사 접사인 -līċ과 똑같은 형태가 되었다. 나아가, 중세영어 후기에 이르기까지 -līċ의 어말 자음 ċ가 약화·소실되어 현재와 같은 -ly 형태로 안착하게 되었다.

이와 같이 형대영어의 접사 -ly는 어원적으로는 고대영어의 형용사 접사 līċ와 부사접사 -līċe 양쪽 모두에 대응하는 형태이다. 중세영어기에 이 형태가 확립된 이후 형용사 접사보다는 부사접사로서의 역할이 더 커져서 대량의 -ly부사가 생겨나게 되었다. 이와 같은 이유로 현대영어의 -ly는 전형적인 부사접사로 여겨지게 되었지만, 순서로 보면 형용사접사로서의 역할이 먼저였음을 알아 두었으면 한다.

3.5.2 -e 쇠퇴의 일파만파

부사 접사 -ly는 중세영어기에 그 생산력이 점차 높아갔다. 종전에 같은 기능을 했던 여격에서 유래한 이 -e 어미가 음성적으로 약화되면서 부사를 표시하기에는 역부족이던 차에, 형태적·음성적으로 명확한 -ly가 유효한 부사접사로서 기능하게 된 것이라 여겨진다.

이 일련의 과정과 관련하여 발생한 또 한 가지에 대하여 부언하고자 한다. 그것은 부사접사로서 활약하기 시작한 -ly가 종래 가지고 있던 형용사 접사로서의 역할을 점차 잃어 가고 있었다는 점이다. -e와 무어미의 대립이 없어지자 본래 -e가 지녔던 부사표시 역할을 -ly가 대신하게 되었다. 그런데 -ly가 부사표시 역할을 본격적으로 수행하기 위해서는 오히려 종래의 형용사접사로서의 역할이 방해가 된다. 그래서 형용사 표시로서의 역할을 버리게 되었다고 추측할 수 있다. 이것을 도식화 하면 다음과 같다(-ø는 어미가 붙지 않음을 의미한다).

	단순형 파생형
형용사	- ø līċ
부사	- e -lī(ċ)e

→

	형용사 부사
e 어미 없음	- ø -lī(ċ)
e 어미 있음	- e -lī(ċ)e

작은 체계지만 -ø, -e, -lī(ċ), -lī(ċ)e로 이루어진 하나의 형태적 체계를 생각할 때, -e 어미가 불안정하게 되었다고 하는 작은 변화가 전체를 전혀 다르게 바꾸어 놓은 셈이다. 언어란 체계이며 작은 언어변화가 전체에 큰 영향을 미친다는 사실을 잘 알 수 있다. 또한 영어사에서 보다 더 큰 조류를 의식한 시점에서 보면, 이는 굴절어미를 이용한 종합적인 부사화로부터 파생접사를 이용한 분석적인 부사화로의 방침의 전환이라고 볼 수도 있다. 그러나 -e 어미의 쇠퇴 이후에도 형용사와 동일한 형태로 공존하는 **단순부사**(flat adverb)는 적으나마 남아 있고, 부사접사로서의 -ly가 발달하였다고 해도 형용사접사로서의 -ly가 완전히 사라진 것은 아니라는 점을 부언하고 싶다.

-ly의 생산성이 갑자기 높아 진 것은 중세영어기인데, 그 조짐은 중

세영어 아주 초기, 또는 이미 고대영어기에 있었음을 지적해 둘 필요가 있다. 그와 같은 조짐이 있었던 차에 -e 소실이 일어났고, 또 중세영어기에 로맨스어계 형용사 차용어들이 홍수처럼 밀려 들어온 결과, 그것을 부사화하는데에 -ly가 활약을 했던 것도 한 몫을 차지한다.

-ly에 의한 부사 형성이 '확립'을 거쳐 '규칙화'된 것은 초기 근대영어기이다. 중세영어기 말까지 일반화의 흐름을 보였던 -ly 부사가 초기 근대영어기에 인쇄업자나 교육자에 의한 영어 표준화 움직임에 떠밀려 규칙화하였고, 18세기 규범문법에 의해 보다 확고해지는 과정을 겪었다. 초기 근대영어기만 해도 -ly가 붙지 않은 단순부사가 전 시대의 여파로 아직 활약하고 있었고 몇몇 새로 생긴 것도 있기는 하나, 전체적인 조류는 이상에서 설명한 대로이다.

3.5.3 단순부사

앞에서 중세영어기에 부사접사 -ly가 확대되었음을 설명하였다. 그러나 적어도 현대영어에 비하면 단순부사가 훨씬 더 많았던 것은 사실이다. 단순부사는 형용사 어간에 부사접사 -e를 붙여 만들었는데, 중세영어에서는 이 -e 어미가 점차 소실되어 갔기 때문에 형용사와 형태적으로 구분하기 어려워졌다. 그러나 그렇다고 해서 곧바로 -ly 형태로 대체된 것은 아니었고, loude, cleere, faste, faire 등 많은 어휘가 여전히 부사의 역할을 하고 있었다.

그 결과로서 중세영어기에는 -ly와 단순형 양쪽이 모두 병용되었던 부사들이 적지 않다. 심지어는 -ly의 전신인 -lich(e)라고 하는 고어형을 유지하고 있는 예조차도 볼 수 있었으므로 하나의 형용사에 대해 최대 세 종류의 부사형이 공존하였다고 볼 수 있다. "newly"에 해당하는 예를 보면, 현대영어에서 단순부사 new는 new-laid eggs, new-mown hay 등의 복합어에서만 찾아볼 수 있다.

- This carpenter hadde wedded *newe* a wyf. "This carpenter had wedded a wife newly."
- This knyght was comen all *newely*. "This knight had come all newly."
- that oother of hem is *newliche* chaunged into a wolf. "That other of them is newly changed into a wolf."

현대영어에서 단순부사와 -ly 부사가 공존하는 경우에는 서로 의미를 달리하는 경우가 많다. -ly 부사는 파생적·비유적인 의미를 발전시키는 경우가 많아 원래 형용사의 의미에 플러스 알파가 되는데, 단순부사는 그런 의미 발전 없이 오히려 의미상의 제약을 받는 경우가 많다. 그러면 현대영어에서 단순부사와 -ly 부사가 병존하는 쌍은 실제로 얼마나 있을까. Jesperson(48-51)이 제시한 42개 쌍을 보이겠다.

cheap(ly), clean(ly), clear(ly), close(ly), dead(ly), dear(ly), deep(ly), direct(ly), due/duly, easy/easily, even(ly), evil(ly), fair(ly), false(ly), fast(ly), fit(ly), flat(ly), free(ly), full/fully, hard(ly), high(ly), just(ly), late(ly), like(ly), loud(ly), low(ly), near(ly), new(ly), plain(ly), pretty/prettily, quick(ly), right(ly), round(ly), scarce(ly), short(ly), sound(ly), still/stilly, straight(ly), strong(ly), swift(ly), wide(ly), wrong(ly)

이 외에도 최상급이나 서수사와 관련하여 most(ly), last(ly), first(ly) 등과 sure(ly), doubtless(ly), needless(ly) 등도 이에 속한다. 또한 위에 열거한 42개 쌍 중 단순부사 25개 어휘, -ly 부사 23개 어휘가 BNC 빈도순 목록의 고빈도 6318 어휘 중에 속하며, 또 그 근원이 되는 형용사 42개 어휘 중 40개 어휘가 그 목록에 포함되는 고빈도 형용사임을 밝혀둔다.

-e 라는 작은 어미의 소실이 부사형성체계에 미친 영향은 결코 작지 않다. 이 -e 소실은 영어에서 볼 수 있는 일파만파의 좋은 예라 할 수 있다.

제4장

통사에 관한 소박한 의문

Syntax

4.1 왜 미래를 나타낼 때 will을 사용하는가?
—미래시제의 발달

4.1.1 시간이나 조건을 나타내는 부사절에서는 미래시제라도 will을 사용하지 않는다

현대 규범문법에서는 "시간·조건을 나타내는 부사절에서는 미래를 나타내더라도 will을 사용하지 않는다"는 조항이 있다. 예를 들면, if it rains tomorrow, we will stay home.과 같은 문장에서와 같이, if 조건절에서는 "내일" 일어날 일이라도 동사의 현재형인 rains가 쓰이고 있다. 주절에 미래를 나타내는 will이 한 번 쓰였으므로 종속절 내에서 다시 will을 사용하는 것은 잉여적이기 때문이라고 설명하는 경우도 있는데, 그런 설명은 역사적으로 정당화될 수 없다.

근대영어 이전에는 시간·조건을 나타내는 부사절뿐만 아니라 그 외의 부사절에서도 널리 동사는 **직설법**(indicative)이 아니라 **접속법**(subjunctive;현재의 가정법에 해당)의 형태를 취하였다. 위의 예문으로 설명하면, if절 내에서는 직설법 3인칭 단수 현재를 나타내는 -s가 붙은 rains가 아니라 접속법 현재형(현대영어 용어로는 가정법 현재형)인 rain이 나타나는 것이 보통이었다. 따라서 예컨대 '만일 내일 날씨가 좋으면'이라는 문장을 만들 경우에는 if it be fine tomorrow와 같이 직설법 is가 아닌 접속법 be가 사용되었다.

옛날에는 미래의 일을 나타내려면 미래시제 will을 사용해야 한다는 발상이 아예 없었다. 오히려 조건을 나타내므로 접속법 동사형을 사용해야 한다는 의식이 강했다. 이것은 본래 게르만어계에 속하는 영어에는 시제(tense) 범주 안에 미래라는 항목이 명확히 존재하지 않았고, 과거냐 비과거(현재와 미래를 포함)냐의 두 종류의 구분만이 있었다는 것과도 관계가 있다. 미래는 현재형으로 나타내었으며 접속법 '현재형'을 사용하면 그것이 자동적으로 미래를 표시할 수 있었다. 또한, 시간·조건을 나타내는 부사절에서 강하게 의식된 것은 미래라는 시간의 문제라기보다는 '내일 비가 온다'는 데에 대한 가능성에 관한 것이었다. 현대 공시적 관점에서 보면 '부사절이라도 미래의 일을 나타내려면 will이 쓰여야 마땅함에도 불구하고 will이 쓰이지 않는 것은 무슨 영문일까' 하는 문제의식이 생겨나지만, 통시적 관점에서는 시간·조건을 나타내는 부사절과 will 과의 연결은 처음부터 존재하지 않았던 것이다.

오히려 영어사적으로 중요한 문제는, 근대영어기 이전에는 if it rain tomorrow 나 it be fine tomorrow 와 같이 접속법 현재형이 사용되던 것이 현대영어에서는 왜 직설법 현재형이 사용되어 if it rains tomorrow 나 it is fine tomorrow 가 되었는가 하는 것이다. 이것은 영어사에서 접속법 또는 가정법의 쇠퇴, 그리고 직설법에 의한 치환이라고 하는 커다란 주제 안에서 논의해야 할 문제이며, 여기서 가볍게 다룰 수는 없다. 단, 강조하고 싶은 것은, 4.1의 제목에서 제시한 소박한 의문의 배후에야말로 실로 의문을 가져야 할 영어사상의 큰 문제가 숨어 있다는 점이다. 거기에는 접속법 현재가 왜, 어떻게 해서 근대영어기 이후에 쇠퇴하였으며, 그것이 어떻게 직설법 현재로 흡수되어 갔나라고 하는 커다란 문제가 숨어있다.

4.1.2 영어에 미래시제는 없었다

앞에서 일찍이 영어에는 명확한 미래시제는 없었음을 설명하였다. 이 사실에 대하여 역사적인 관점에서 생각해 보고자 한다. 현대영어 동사에는 과거의 일을 나타낼 때 사용하는 '과거형'이 있다. 마찬가지로 현재의 습관적인 일을 나타내려면 동사의 '현재형'이 사용된다. 그러나 미래의 일에 대해서는 동사를 '미래형'으로 굴절시킬 방법은 옛날이나 지금이나 존재하지 않는다. 대신, will, shall, be going to 등의 (준)조동사를 사용하는 통사적 방법이 사용된다. 영어에는 will 등을 사용하는 통사적인 방법은 있으나, 형태적으로 굴절시키는 미래형은 없다. 따라서 단순하게 '미래형'이라는 용어를 사용하면 통사나 형태 차원에서의 어떤 '형태(모양)'에 대한 오해의 소지가 있으므로 이 용어는 피하도록 하겠다.

(준)조동사를 사용하는 통사적인 미래표현에 대해서는 본 절의 뒷부분에서 설명하게 되겠지만, 아마 후기 고대영어 이후 본래적 법적 기능('~하고 싶다' '~해야 한다' 등의 심적 태도를 나타내는 기능)을 지니는 will이나 shall 등 조동사의 의지나 의무의 의미가 약화되면서, 단순하게 미래 시간을 나타내는 용법으로 **문법화**(grammaticalization)(문법화란 그 자체의 어휘적 의미를 가진 어구가 서서히 문법적 의미를 발달시켜 가는 과정을 뜻한다) 되었다고 볼 수 있다. 그 이전 시대에는 단순미래를 나타내기 위해 특화된 표현은 통사적으로나 형태적으로나 존재하지 않았으며

법적인 의미를 동반하지 않고 순수하게 미래를 표현하는 수단이 결여되어 있었다. 고대영어에서는 형태적으로는 현재형(정확하게 말하면 비과거형)을 사용함으로써 현재와 미래를 모두 나타낼 수가 있었던 것이며, 시제범주에서 과거 또는 현재와 구별해야 하는 구분으로서의 미래라고 하는 발상은 희박했다. 그 후에 will 등을 사용한 미래표현이 출현한 후에도 이전 시대에 시제 범주를 파악했던 방법이 크게 바뀌지 않음으로 인하여 현대영어에서도 미래라는 시제구분이 여전히 모호한 감이 있다. 단, 현대영어에서 미래라는 범주가 존재하지 않는다고 단언하는 것은 공시적으로는 지나친 판단이라 여겨진다.

위에서 설명한 바와 같이 고대영어의 시제 범주는 형식적으로 말하면 과거와 비과거 두 가지로 구분되어 있었다. 여기서 현대영어의 관점에서 생기는 의문은 왜 고대영어에서는 미래시제가 없었던 것일까, 왜 동사 미래형 굴절이 발달하지 않았는가에 대한 질문이다. 이 질문에 직접 답하는 것이 쉽지는 않지만 간접적으로 세 가지 점을 지적하고자 한다.

우선 이 질문의 전제로서 과거·현재·미래의 3분법이라는 근현대적인 시간 관념이 존재한다고 여겨지나, 시간을 파악하는 방법 또는 그 언어에 반영되는 시제 범주를 논하는 데에 있어서 반드시 그것을 전제로 해야 한다는 근거는 없다. 많은 현대인들에게 있어서 3분법 시간감각이 특별히 자연스럽게 느껴질지 모르나, 이것이 인류에게 있어서 유일무이한 시간관이라고 볼 수는 없다. 또, 만약 3분법 시간관을 채용한다 하더라도 그 3분법이 그대로 딱 들어맞게 언어에 시제범주로서 반영되는 것이 당연한 것인지 어떤지도 불명확하다. 이것은 화자(집단)의 세계관이 어떻게 언어상에 반영되는가, 또는 언어구조가 어떻게 화자(집단)의 세계관에 영향을 주는가 하는 **사피어-워프 가설**(Sapir-Worf hypothesis)에 관한 문제이며, 지금으로서는 달리 설명할 수 없음을 밝혀둔다.

둘째로는, 다른 인구 제어에서 볼 수 있듯이, 미래 표현은 의지나 의무 등 법적 기능을 지닌 형식이 문법화함으로써 발생한 경우가 많다. 앞서 말한 바와 같이 이것은 영어사에서 관찰할 수 있는 과정이며, 아마도 통시 언어적으로 볼 수 있는 현상인 듯하다. 과거·현재·미래의 3분법에서는 과거와 미래가 똑같은 무게를 가지고 양극에 대치되고 있는 것처럼 보이나, 어쩌면 언어에서 양자의 무게는 서로 다를지도 모른다. 적어도 몇몇 주요 언어의 역사를 참조해 보면 미래시제는 과거시제에 비해서 후발적, 파생적인 경우가 많다.

셋째로, 과거·비과거라는 **시제의 2분법**은 (고대)영어에 국한되지 않고 게르만어계에 공통된 중요한 특징 중의 하나이다. 또한 인구어족에서는 옛 힛타이트어도 같은 2분법 시제를 지니고 있었다. 이러한 2분법 언어의 존재는 인구 조어의 시제범주를 재건하는 데 있어 다음과 같은 난제를 제공하고 있다. 과연 인구 조어에 미래시제라고 부를 수 있는 것이 존재했을까 아니면 이차적으로 파생된 것일까? 즉, '왜 미래시제는 없었을까?'라는 질문은 고대영어에 대해서 질문해야 하는 문제로만 머물지 않고, 인구 조어에 대해서 질문해야 되는 문제이기도 하다. 인구 조어가 당초부터 명확한 과거·현재·미래의 3분법 시제를 가지고 있었는지 어떤지 많은 학자들 간에 논쟁이 분분하다.

4.1.3 영어 미래시제의 발달

앞에서 살펴보았듯이 영어에는 본래 다른 게르만어와 마찬가지로 미래시제는 명확한 형태로 존재하지 않았다. 그러나 현대영어에서는 will 또는 be going to 등의 표현형식이 미래시제로서 널리 인지되어 있다. 본 항에서는 영어 미래시제의 발달에 대해서 고찰하고자 한다.

will, shall을 이용한 미래표현이 언제 생겨났고 언제 확립되었는가에 대한 문제는 영어사의 중요 테마 중의 하나이며 이에 대해서 학자들 간에 여러 가지 논의가 있다. 이와 관련하여 현대영어에 미래시제는 존재하는가 하는 문법범주에 관한 커다란 문제도 있어서 논의는 더욱 분분하다. 통시적, 형태적인 관점에서는 미래형이라는 동사의 굴절은 예나 지금이나 존재하지 않으므로 과거형이나 현재형(비과거형)과는 비교대상이 될 수 없다. 그러나 시제라고 하는 문법범주의 구성요소들이 서로 비교할 수 있도록 닮아 있는 구조를 지녀야 한다는 법도 없다. 공시적, 기능적인 관점에서 보면, 현대영어의 will, shall로 표시되는 이른바 미래시제는 의심 없이 받아들여지고 있는 과거시제, 현재시제와 비교되는 시제의 하나로 인정해도 되지 않을까 싶다.

그러면 문제의 will, shall을 이용한 미래시제의 탄생과 확립 시기는 언제였을까? 일반적으로 그 근원은 고대영어로 거슬러 올라간다고 본다. will, shall이 어떤 문맥에서 원래의 법적 의미를 약화시키고 단순히 미래시제를 나타내게 되었다고 판단할 수 있는 고대영어의 예들이, 그 수가 적긴 하지만, 제시되고 있다. 의미 **표백**(bleaching)의 좋은 예이며 문법화의 전형적인 예이기도 하다. 그러나 이들 초기 예들은 현대 연구자들이 문맥을 보고 내린 미묘한 판단에 근거한 것이며, 탄생 시기를 객관적으로 결정하는 것은 쉽지 않다. 중세영어의 예조차도 많은 경우에 원래의 법적 의미로 해석하려면 얼마든지 해석할 수가 있다.

그러나 중세영어에 접어들면 적어도 단순미래의 후보로 보이는 will, shall의 예들이 증가하는 것으로 보아, 대략적인 통시적 전개를 추측할 수가 있다. 초기 중세영어에서는 shall이 더 보통 쓰이는 조동사였고, will은 아직 법적 의미를 풍기고 있는 경우가 많았다. 또한, will, shall의 인칭에 따른 현대적 사용 구분이 규범으로 확립되기 시작한 것은 17세기였는데, 실제로 그러한 사용 구분이 어느 정도 확립된 것은 19세기 이후의 일이었다.

이렇게 해서 미래시제가 영문법에 반영되게 되었으나, 영어사적으로 보면 상당히 늦게 등장했다는 사실을 염두에 두기 바란다. 현재 자명해 보이는 문법범주도 원래부터 있던 것이 아니라 역사의 어느 시점에서 생겨나 발달한 것들이 있는 것이다. 이와 동시에 현재는 찾아볼 수 없는 문법 범주가 일찍이 존재했었을 가능성도 있다는 것도 잊어서는 안 되겠다.

4.2 왜 If I were a bird인가?
— 가정법의 쇠퇴와 잔존

4.2.1 be 동사의 역사

현대영어에서 가장 복잡한 굴절을 보이는 동사는 be 동사이다. 굴절이 크게 쇠퇴한 현대영어에서 아직도 상당히 복잡한 상태를 유지하고 있는 유일한 동사이다. 너무 빈도가 높아서 불규칙한 패러다임(어형변화표)이 생존하게 된 것이리라. 그러나 고대영어에서도 당시의 굴절 수준을 고려한다 해도 be 동사의 굴절은 역시 복잡했다. 아래에서 고대영어 bēon "to be"와 현대영어 be의 굴절표를 보자.

확실히 서로 다른 어근에서 유래하는 여러 종류의 형태가 모여서 굴절표를 구성하고 있음을 알 수 있다. 환언하면, be 동사 굴절표는 보충법(2.4.4 참조)의 대표적 예이다. be는 인구어 비교언어학적으로는 특수한 형태적 특징을 갖는 동사 중 하나이며, 그 중에서도 유난히 복잡한 역사를 걸어왔다.

고대영어 bēon

현재형	직설법	접속법	명령법
단수 1인칭	eom	sȳ, bēo	
단수 2인칭	eart	sȳ, bēo	bēo, wes
단수 3인칭	is	sȳ, bēo	
복수	sint, sindon	sȳn, bēon	bēoð, wesað

습관형·미래형

단수 1인칭	bēo
단수 2인칭	bist
단수 3인칭	bið
복수	bēoð

과거형

단수 1인칭	wæs	wǣre
단수 2인칭	wǣre	wǣre
단수 3인칭	wæs	wǣre
복수	wǣron	wǣren

부정형 bēon, wesan

to 부정사 to bēonne

현재분사 bēonde, wesende

과거분사 gebēon

현대영어 be

현재형	직설법	가정법	명령법
단수 1인칭	am	be	
단수 2인칭	are	be	be
단수 3인칭	is	be	
복수	are	be	be

과거형

단수 1인칭	was	were
단수 2인칭	were	were
단수 3인칭	was	were
복수	were	were

부정사 be

to 부정사 to be

현재분사 being

과거분사 been

Hogg and Fulk(2011: 309-10)에 의하면 고대영어 bēon의 여러 형태는 아마도 네 개의 어근에 근거한다. 첫 번째 것은 인구조어 *Hes-에서 유래하는 것으로, 위 표에서 모음 또는 s로 시작하는 형태에 반영되어 있다(s로 시작하는 것은 모음이 없는 *Hs-에서 유래한다: cf. 라틴어 sum "I am"). 두 번째 것은 인구조어 *bhew(H)-에서 유래하였으며, 앞 표에서는 b로 시작하는 형태에 반영되어 있다(라틴어 fuī "I have been"). 고대영어에서는 이 계열은 습관적 또는 미래의 함의를 동반하는 경우가 많았다. 세 번째 것은 인구조어 *wes-로 거슬러 올라가는데, 고대영어(그리고 현대영어에 이르기까지)에서는 과거계열 형태로서 사용된다. *wes-는 원래 강변화동사였으며, 현재형도 있었으나 고대영어기까지 과거계열로 한정되었다. 네 번째 것은 고대영어 직설법 현재 2인칭 단수 eart를 설명해 주는 것으로, 그 기원은 인구조어의 er이다(cf. 라틴어 orior "I rise"). be 동사 굴절표는 고대영어 이래로 어느 정도 간략화되기는 했지만, 지금도 여전히 오랜 역사 속에서 생겨난 복잡성이 건재하고 있다.

4.2.2 가정법은 직설법과는 별개의 것으로 생각한다

고대영어의 be 동사 굴절표에는 접속법 칸이 있다. 접속법이란 현대의 가정법에 해당하는 것이므로 용어상으로는 사실 대체해서 쓸 수도 있지만, 이하에서는 옛 영어에서는 접속법, 현대영어에서는 가정법으로 구분하여 사용하기로 한다. be 동사는 현대영어에서도 유일하게 옛 접속법과 같은 독자적인 굴절과 형태를 유지하고 있는 동사이다.

현재형에서는 be, 과거형에서는 were를 사용하는 것이 규범이다.

일반적인 동사에서, 현대영문법의 '가정법 과거'에서는 조건을 나타내는 if 절 안에서 과거형이 쓰이는 것이 규칙이다. 그 과거형이란 기본적으로는 직설법의 과거형과 동형의 것을 사용하면 되는데, 앞서 언급한대로 하나만 예외가 있다. If I were a bird와 같이 주어가 1인칭 단수일 경우 또는 3인칭 단수일 경우에는 직설법에서 was를 사용해야 할 곳에 가정법에서는 were를 사용해야 한다(현대영어의 구어체에서 was가 사용될 경우가 있는데, 규범문법에서는 were가 규칙이다).

이것은 왜 그런가라는 질문에 가장 간단하게 답한다면, 그것이 고대영어 접속법 과거 1·3인칭 단수의 굴절형이었기 때문이다. 앞에서 보인 고대영어 bēon 굴절표에서 접속법 과거의 칸을 보면, 단수 계열에서는 인칭에 상관없이 wǣre가 쓰이고 있다. 즉, 고대영어에서는 gif ic wǣre··· 등과 같이 말했었다. 그러므로 현대영어에서도 if I were··· 인 것이다.

앞서 말한 바와 같이 현대영어에서는 거의 대부분의 경우에 직설법 과거 형태를 그대로 가정법 과거 형태로 사용하면 되므로, 각별히 의식해서 가정법 과거 굴절표를 직설법 과거와 구별하여 외울 필요는 없다. 그러나 역사적으로는 직설법(과거)과 접속법(과거)은 기능적으로나 형태적으로나 명확히 구분되어야 하는 체계이며, 각각의 동사에 관하여 법에 따른 상이한 굴절표가 존재했었다. 그런데 그 이후 역사에서 굴절어미 평준화나 형태적 유추가 작용하여 be 동사 이외의 모든 동사에서 접속법 과거형은 직설법 과거형과 동일하게 되었다. 유일하게 형태적 구분을 유지하면서 살아 남은 것이 be였던 것이다. 이렇게 잔존하게 된 주된 이유는, 본서에서 이미 여러 차례 말한 바와 같이, be의 사용이 너무나도 고빈도였기 때문이다.

본 항의 제목인 '왜 If I were a bird 인가' 라는 질문은 현대영어의 공시적 관점에서 보면 자연스럽고 소박한 질문이라고 볼 수 있다. 그러나 영어사 관점에서 질문을 다시 고쳐 보면, '왜, 어떻게 해서 be 동사 이외의 모든 동사에서 접속법 과거형과 직설법 과거형이 동일하게 되었나?' 라고 질문해야 마땅할 것이다.

4.2.3 가정법 현재와 should

현대영어에서는 특정 형용사·동사가 그 뒤에 따라오는 that절 동사로서 가정법 현재형을 요구하는 구문이 있다.

- It is important that he *attend* every day.
- I suggested that she not *do* that.

이와 같은 구문에서는 that절 내의 동사는 가정법 현재(역사적으로 말하면 접속법 현재)의 형태를 취한다. 현대영어에서 사실상 가정법 현재형은 원형과 같으므로 be 동사일 경우에는 be가 된다. 일반적으로 이 구문은 미국영어에서 잘 쓰인다고 한다. 영국영어에서는 that절 내 동사 바로 앞에 법조동사 should가 나타나는 경우가 많은데, 최근에는 미국영어식 가정법을 사용하는 경우도 많아지고 있다. 또 영국영어에서는 구어체에서 직설법을 사용하는 경우도 많아지고 있다고 한다.

학교문법에서는 미국영어식 가정법 현재의 사용을 영국영어식

should가 생략된 것인 양 설명하기도 한다.

- 미국영어: I advise that John *read* more books.
- 영국영어: I advise that John *should read* more books.

공시적으로는 should가 생략되었다고 설명하는 것도 가능할지 모르나, 역사적으로는 이 설명은 부적당하다. 실제로 현대 미국영어식 가정법 현재의 사용법이 더 옛날 것이다. 고대영어 이래로 세익스피어 시대에도 이 문법은 널리 쓰이고 있었다. 이 세익스피어 시대의 용법이 그대로 미국으로 건너가, 미국영어에서는 현재에 이르기까지 변함없이 답습되어 온 것이다. 한편, 영국영어에서는 근대영어기 이후에 이 문법이 폐지되고, 해당 동사형이 원형으로 재해석되면서 그 앞에 법조동사 should가 삽입된 것이다.

따라서 역사적으로 보면, 미국영어식 표현은 should의 생략이 절대로 아니다. 오히려 정반대로 영국영어식 should야말로 훗날 삽입된 것이다. 이것은 미국영어가 보수적이고 영국영어가 혁신적이라고 생각하는 입장에서 보면 의외로 여겨지는 한 예이다. 그러나 6.2절에서 언급한 바와 같이 보수적인 미국영어, 혁신적인 영국영어라는 구도는 그리 드물지 않다. 이러한 역사적 경위를 더듬어 보면, 요즘 미국영어의 영향을 받아 영국영어에서 가정법 현재가 부활하고 있는 상황이 재미있는 현상으로 보일 것이다.

현대영어에서의 가정법은 매우 미미한 존재지만, 역사적으로는 직설법과는 완전히 구별되는 것으로 존재해 왔다는 것에 주의해야 할 필요가 있다. 그리고 그 잔해가 지금도 애매하게 살아남아 있기 때문에 현대영어의 '가정법 과거'나 '가정법 현재'는 공시적으로 이해하기가 어렵다. '불규칙'인 것처럼 보이는 문법항목이 되어버린 것이다.

4.3 왜 영어에는 주어가 필요한가?
— 어순의 고정화(1)

4.3.1 비인칭구문

현대영어에서 가장 중요한 문법규칙 중 하나로서, '문장에는 주어가 존재해야 한다'라는 것이 있다. 명령문 등 여타 소수의 통사적 환경이나 비문법적인 문체 또는 상투어 등에서 Go home.이나 Doesn't matter.와 같이 주어 없는 문장이 있긴 하나, 원칙적으로 주어는 반드시 존재해야 한다. 주어를 마음대로 생략할 수 있는 한국어나 일본어에 비하면 영어는 형식에 얽매이는 언어인 것처럼 보이나, 그만큼 형식이 제대로 갖춰져 있다는 의미이기도 하고, 또한 애매하지 않아서 학습자에게는 고마운 일이라는 이야기도 가끔 들린다.

그러나 고대영어나 중세영어에서는 주어가 없는 문장이 종종 쓰였다. 옛날 영어에서 주어가 없는 문장은 대략 세 종류가 있다. 첫 번째는 현대영어에서도 지속되고 있는 것인데, 명령문에서 주어 2인칭 대명사가 없는 경우이다. 명시적으로 주어를 표시할 수도 있으나 명령문에서의 주어의 부재는 현대영어에서와 마친가지로 보통 볼 수 있는 현상이다. 두 번째는 소위 말하는 주어의 '생략'이다. 현대영어에서는 비문법적인 문체에 한정되기는 하나, 옛 영어에서는 문맥에 의해 추측할 수 있을 경우에는 적어도 현대보다 더 자유롭게 주어를 생략할 수 있었다. 주어뿐만 아니라 목적어 등의 다른 요소들도 마찬가지로 문맥의 도움으로 보완할 수 있다면 생략이 가능했다. 세 번째로는 비인칭구문이라고 불리는 문장에서의 주어의 부재이다. 현대에 와서는 쇠퇴해 버린 통사적 현상인데, 본 절에서는 이것에 대해서 설명하고자 한다.

비인칭구문(impersonal construction)이란 한 마디로 말하면 통사적으로 주어를 요구하지 않는 구문이다. 주어가 있는데 생략된 구문이 아니라 처음부터 주어를 쓰지 않는 것을 전제로 하고 있는 구문을 말한다. 비인칭구문의 기둥이 되는, 주어를 요구하지 않는 동사를 **비인칭동사**(impersonal verb)라고 한다. 비인칭동사는 주어를 전제로 하지 않는다는 점에서 특이한데, 형태적으로는 3인칭 단수에 해당하는 어미를 취하였다. 또한, 통사적으로나 이론상으로는 주어가 없으나, 의미상의 주어를 명시하는 경우에는 명사(구)의 여격이나 대격이 사용되었다. 단, 일부 비인칭동사에서는 고대영어기로부터 현대에 이르기까지 동일하게 형식상의 주어인 it을 동반하는 경우도 있었다. 그 당시에도 주어가 없으면 주어로서 무엇인가를 설정해 두지 않으면 거북하다는 느낌이 조금씩이나마 있었을지도 모른다.

비인칭동사는 고대영어에 약 40개 있었으며, 중세영어에서는 프랑스어로부터의 차용어가 더해져서 배로 늘어났다. 그러나 비인칭구문은 근대영어 이후에 쇠퇴하여 형식상의 주어 it을 사용하는 구문으로 바뀌거나, 주어를 여격이나 대격이 아닌 주격으로 명시하는 **인칭구문**으로 치환되어 현재에 이르고 있다.

고대영어나 중세영어의 예를 몇 개 들어 보겠다(참고로 각 예문에 대응하는 현대어 번역을 첨부하였는데, 많은 경우에 그대로 사용하기에는 현대영어에서는 비문법적이다).

1. 기후동사

- 고 þa *rinde* hit, and þær comon flod("then rained it, and there came the floods")
- 고 norþan *sniwde*("from the north snowed")

2. 심리동사

- 고 siððen him *hingrode*("afterward hungered to-him")
- 고 me *ðyncð* betre("to-me thinks better")
- 고 me *lyst* rædan ("to-me pleases to read")
- 중 Hir *thoughte* that a lady sholde hire spare("to-her thought that a lady should spare herself")

3. 기타

- 고 me *wære* betra gan("to-me were better to-go")
- 중 Hym *boes* serve himselve that has na swayn("to-him behooves to-serve himself that has no servant")

비인칭동사는 인구어족에서 공통적으로 볼 수 있는데 형식상의 주어 it을 설정하는 구문은 비교적 새로운 것이며, 예컨대 산스크리트어에서는 찾아볼 수 없다. 기후동사에서 사용되는 it에 대해서는 막연히 상황을 나타내는 it이라든가 때로는 신(하늘?)이 비를 내려주기 때문이라고 설명하기도 하는데, 역사적으로는 it 자체에서 무엇인가 의미를 찾아내기는 어렵다. 현대의 공시적 감각으로 it이 유의미하다고 본다 해도, 그것은 통사적, 형식적으로 it이 설정된 이후에 붙은 설명일 것이다.

4.3.2 비인칭구문에서 인칭구문으로

후기 중세영어 이후 비인칭구문은 인칭구문으로 바뀌었고, 근대 이후에는 거의 나타나지 않게 되었다. 이 '비인칭구문의 인칭화'는 영어 통사론의 역사에서 큰 문제로 다루어져 왔다. 그 원인에 대해서는 통상적으로 다음과 같이 설명한다.

중세영어의 비인칭동사 like(n)의 예를 들어 보자. 이 동사는 현대에는 '좋아하다'라는 인칭적인 용법·의미를 지니는데, 그것은 중세영어에서도 마찬가지여서 I like thee. "I like you"와 같이 좋아하는 주체가 주격 I 이고, 좋아하는 대상이 대격(목적격) thee로 표시된다. 그러나 중세영어 이전에는(일부는 초기 근대영어에서도) 이 동사는 비인칭적인 용법·의미를 지녔으며, Me liketh thee. "Me likes you"와 같이 좋아하는 주체가 여격 me이고 좋아하는 대상이 대격 thee로 표시되었다. 번역하면 '나에게 당신을 좋아하는 마음이 있다' '나에게 있어서 당신은 좋은 느낌이다'의 의미가 된다.

좋아하는 주체가 대명사라면 격 굴절에 의해 명시되는데, 명사구가 되면 이미 주격과 대격이 구별되지 않게 되기 때문에 해석에 있어 애매성이 생긴다. 예컨대, God liketh thy requeste "God likes your request"에서 God는 역사적으로는 여격을 취했을 것이라고 여겨지나, 청자에게는 주격으로 해석되었을지도 모른다. 그 경우에 청자는 liketh를 현대적인 인칭동사로 이해하고 있는 셈이다. 비인칭동사 중에는 원래는 고대영어기로부터 인칭동사로 사용되던 것이 많았기 때문에 인칭화 과정 자체는 통사적, 의미적으로 지나친 비약은 아니라고 생각된다. 세익스피어에서 like는 아직 양쪽으로 다 쓰였다. Whether it like me or no, I am a courtier.(*The winters Tale* 4.4.730)에서는 비인칭적으로 쓰였는가 하면, I like your work,(*Timon of Athens* 1.1.160)와 같이 인칭적인 용례도 있다.

이상이 비인칭구문의 인칭화에 관한 교과서적인 설명인데, 보다 일반적으로 중세영어 이후 인칭구문이 모든 구문으로 확대된 원인도 생각해 볼 필요가 있다. 첫째로, 다음 절에서 보이듯이 SVO 어순이 고정화되면서 동사 앞에는 동작의 주체를 나타내는 주어가, 동사 뒤에는 동작의 대상을 나타내는 목적어가 놓이는 '형식'이 생겨나게 되었다. 또한, 이와 관련하여 고대영어 이래 많은 동사가 타동사 기능을 발달시키게 되었다는 사실과의 관계도 생각할 필요가 있다. 역사적으로 여격을 동반했던 비인칭동사는 여격과 대격의 형태적 구별이 없어지면서 대격을 동반하는 타동사로 해석되었기 때문에, 결국 타동사(용법)가 증가하는 과정을 밟게 된 것이다. 여기서도 궁극적으로는 어미 평준화에 따른 굴절 기능의 부전(1.4절 참조)이라는 현상이 크게 관여하고 있다.

4.3.3 현대영어에 남아있는 비인칭구문

현대영어에 이르기까지 비인칭구문은 거의 모두 쇠퇴하여 더 이상 생산적인 통사구조가 아니지만, 그 잔해가 화석처럼 남아있는 표현이 몇 개 있다.

- *As regards* the point you've just made,…
- *As far as in me lies*,…
- *Woe worth the day!*
- The opening hours are *as follows*:…
- I will act *as seems best*.
- *Methinks* you're changed so much.

처음 세 구문에 대해 역사적으로 설명해 보겠다. As regards …는 숙어로 암기하고 있는 학습자가 많을 것으로 여겨지는데, 문어체에서 '~에 관해서는, ~에 대해서(말하면)'이라는 의미로 쓰이고 있다. 전형적으로는 새로운 주제를 이끌 때 사용된다. 기능적으로는 전치사라고 보아야 할 것이다.

이러한 복합전치사는 역사적으로는 '종속접속사 as + 비인칭동사 regards + 목적어'로 분석된다. regards는 원래 주어를 필요로 하지 않으므로, 이 as 절 안에서는 언제나 주어가 나타나지 않는다. 주어가 필요없는 비인칭구문 그 자체가 쇠퇴하게 되자, 이 분석이 의미 없어져서 as regards 전체가 복합전치사로 기능하게 된 것이다.

현대영어의 as far as in me lies는 '내 힘이 닿는 한'을 뜻하는 관용구이다. 이 as far as가 이끄는 절에는 역시 주어가 어디에도 없다. 비인칭동사인 lie의 용법을 이용한 화석 구문인 것이다.

세 번째 문장은 '오늘은 정말 재수가 없군!'을 뜻한다. 여기서 worth는 고대영어 weorþan(to become, be, be done, be made; to happen)에서 나온 동사이며, '가치(가 있다)'를 뜻하는 worth와는 별개의 것이다.

인구조어까지 거슬러 올라가면 두 어휘가 같은 뿌리를 가질 가능성도 있지만, 서로 상이한 어휘라고 보는 것이 좋다. 이 동사는 독일어 werden(to become), 라틴어 verto(to turn)등과 같은 뿌리이다. 고대영어 weorþan은 고빈도 기초동사였지만, 현대영어에서는 이 예와 같은 관용어구, 또는 Woe worth you! 와 같이 인칭대명사를 동반하는 형식으로만 쓰인다. 관련 표현으로는 성서에서 유래한 Woe is me.를 찾아 볼 수 있다.

동사 worth에 관한 이들 표현은 모두 비인칭구문을 취하고 있다. 앞에서 열거한 예문에서 보면, woe는 worth의 보어, the day는 여격에 해당하고, 주어는 없다. worth는 비인칭동사로 사용되고 있으며, 형식상으로는 접속법 3인칭 단수 현재의 굴절형을 쓰고 있다. 이것은 현대영어에서 기원이나 주문을 나타내는 가정법현재 용법이라고 할 수 있다. 예날에는 woe 외에 well도 사용했는데, 이 경우에는 '~에게 행운 있으라'를 의미하였다.

현대영어에서 '형식적으로라도 주어는 반드시 있어야 한다'는 규칙은 금과옥조이다. 그러나 이 절대적인 것으로 보이는 규칙도 사실은 역사 속에서 만들어진 것이다. 영어사 대부분의 시대에서 주어가 필수적이지 않을 뿐 아니라 심지어 주어를 필요로 하지 않는 구문이 매우 일상적으로 사용되었던 것이다. 그와 같은 구문들은 나중에 쇠퇴하였고 결국 주어 사수의 절대 규칙이 생겨나기에 이르렀지만 지금도 몇몇 표현 속에 그 흔적이 남아있다. 현대의 '절대규칙'이 대개 과거에는 '절대규칙'이 아니었으며, 대부분은 역사의 소산이라는 사실을 강조하고 싶다.

4.4 왜 *I you love가 아니라 I love you인가?
— 어순의 고정화(2)

4.4.1 세계 언어의 기본어순

앞 절에서 옛 영어에서는 구문에 따라 주어가 없거나 또는 주어를 필요로 하지 않았음을 살펴보았다. 즉, 현대영어에서 대원칙이 된 어순 규칙, 즉 SVO나 SOV라는 규칙도 원래 S가 없는 문장이 있었던 이상 절대적인 규칙으로 존재하지는 않았을 것이라고 상상할 수 있다. 실제로 고대영어에서는 주어(S), 동사(V), 목적어(O) 3요소로 이루어진 문장에서도 SVO 뿐만 아니라, 특히 종속절 안에서는 SOV 어순이 보통 쓰였고, OSV나 VSO 등의 어순도 있었다. 현대적 관점에서 보면, 어순이 정해져 있지 않은 영어는 영어도 아니라고 여겨질 수도 있지만, SVO 어순의 원칙마저도 역시 역사적 과정에서 정착하여 규칙화된 것이다.

영어 어순의 추이를 고찰하기 전에, 우선 언어의 일반적 어순에 대해 살펴 보겠다. 주어(S), 동사(V), 목적어(O)의 3요소의 조합에 대해서만 생각해 보면, 이론적으로는 SOV, SVO, OSV, OVS, VSO, VOS의 6종류 어순이 가능하다. '나는 당신을 사랑한다'와 '당신을 나는 사랑한다', I love you와 You love I 등, 같은 언어 내에서도 둘 이상의 어순이 가능하지만, 어느 경우에도 후자는 강조의 의미를 내포하는 **유표적**(marked) 어순이며, **무표적**(unmarked) 어순인 전자와는 구별된다(대립하는 두 항목 중 명시적 특징, 여기서 말하면 강조의 기능을 가진 쪽을 유표적, 그렇지 않은 쪽을 무표적이라고 한다). 무표적 어순을 **기본어순**이라고 하며, 세계의 많은 언어를 이에 따라 분류해 보면 대략 다음 그래프와 같은 분포를 보인다(여기에 포함되지 않은 나머지 두 가지 기본어순은 전혀 없지는 않지만 거의 없는 것으로 보아도 무방하다).

한국어 모국어 화자에게 친숙한 영어 및 기타 유럽어나 중국어가 SVO 어순이므로 세계적으로 SVO 어순이 다수일 것이라고 생각할지 모르나, 사실은 한국어와 같은 SOV 기본어순이 더 많이 존재한다. 따라서 SVO가 세계 언어의 보편적 어순이라고 생각해서는 안 된다. 심지어는 영어라는 한 언어 안에서도 시대에 따라 다른 어순이 쓰이기도 했다.

세계 언어의 기본어순

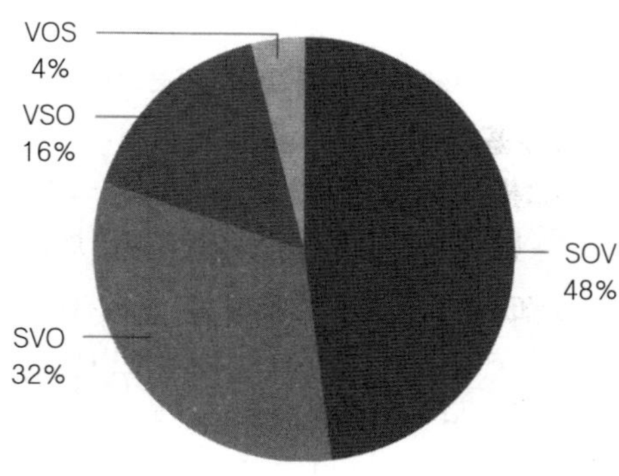

中尾·寺島 「圖說英語史入門」에 기초하여 작성

4.4.2 고대영어에서 중세영어까지의 어순 발달과정

제1장에서도 언급했듯이 현대에 비해서 고대영어의 어순이 비교적 자유로웠던 배경에는 굴절이 풍부했다는 사실이 있다. 명사나 그것을 수식하는 형용사나 관사에는 주어냐 목적어냐에 따라 '격'의 통사 정보를 나타내는 굴절어미가 붙었으며, 그 어미에 의해서 문장 속의 다른 요소, 즉 동사와의 관계가 명시되었다. 현대영어에서도 격 표시는 인칭대명사에 잘 나타나 있어서, I, he, we, they 등의 형태를 보고 금방 주어라고 알 수 있고, me, him, us, them이 목적어임을 알 수 있다. 이와 마찬가지로, 고대영어에서는 모든 명사나 형용사가 어미를 변화시킴으로써 어형만 보고도 격을 판별할 수 있는 구조로 정비되어 있었다. 실제로는 복수의 역할에 대해서 하나의 어미가 대응하는 등, 이미 완벽한 구조라고는 할 수 없는 상태였지만, 그래도 문장을 이루는 요소 간의 관계에 대해서 단어의 어미가 상당한 힌트를 보여주고 있었다. 확실히 어순도 이러한 관계를 나타내 보이는 편리한 수단이기는 했지만, 대체수단으로서의 굴절이 발달했었기 때문에 현대만큼 큰 의의는 없었다. 따라서 고대영어의 어순은 유동적인 경향을 띄었으며 비교적 자유로웠다.

그러나 이러한 상황은 중세영어에 와서 변화하게 된다. 어미가 약화됨에 따라 굴절어미가 쇠퇴하면서, 문장 속 요소 간의 관계를 명시하는 수단으로 어순이 대두되었다. 구체적으로는 SVO나 SOV 어순이 점차 우세해진 것이다. Fries의 조사결과에 근거한 어순의 추이를 보이겠다. 아래 도표는 약 1000년부터 1500년까지의 영어를 대상으로 하여, 동사와 목적어의 위치관계, 즉 VO와 OV의 비율 추이를 표시한 것이다.

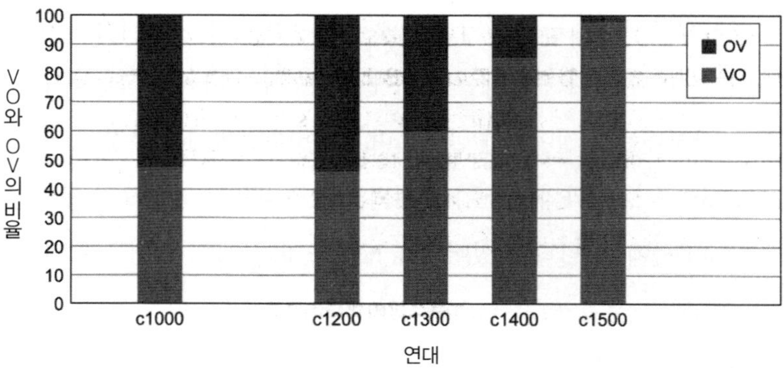

Fries, "On the Development of the Structural Use of Word-Order in Modern English"에 기초하여 작성

이 도표에서는 주절과 종속절의 구별 등과 같은 자세한 통사적 조건을 고려하지 않았기 때문에 단순하게 결론짓기는 어렵지만, 14세기 중에 현재의 어순과 연결되는(S)VO가 크게 성장한 것은 확실한 듯하다. 발달곡선은 언어변화에서 흔히 보이는 느리게→빠르게→느리게 패턴을 보이고 있다. 그렇다면 어순의 고정화를 지향하는 이러한 대변화는 왜 고대영어에서 중세영어에 걸친 특정 시기에 발생한 것일까?

그 배경 중 하나로, 고대영어에서도 SVO는 주절의 어순으로서는 매우 전형적이 것이었다는 사실을 지적하고 싶다. 있지도 않았던 어순이 나중에 갑자기 도약한 것이 아니라, 이미 고대영어 시점에서 그 싹이 보였던 것이다. 원래 게르만어에서는 종속절 내의 어순이

SOV여야 하는 규칙이 있었는데, 고대영어에서는 전형적인 주절 어순이었던 SVO가 이미 종속절에까지 침입했다. SVO는 비약의 기회를 기다리고 있었던 것이다.

그러면 그 비약의 도화선은 무엇이었을까? 앞서 서술한 바와 같이 직접적으로는 굴절의 쇠퇴와 관련이 있다. 굴절어미가 요소 간의 관계를 나타내는 기능을 잃게 됨에 따라, 그 기능을 어순에 의존하는 비율이 높아지게 되었다. 동사를 중심으로 하여 문장 안에서의 위치와 역할을 정해놓게 되었고, 그 형식(문형)에 요소를 삽입함으로써 요소 간의 문법관계를 명시하는 방향으로 변화하게 되었다.

4.4.3 속격 명사의 전치와 of의 발달

얼핏 보기에 SVO 어순의 발달과는 관계없어 보일지 모르겠지만, 소유격이 다른 명사를 수식하는 경우의 A's B라는 어순의 발달도 이것과 크게 관련이 있다. 고대영어에서는 이런 관계를 나타낼 때 B A's 어순도 가능했는데, 초기 중세영어기에 A's B 어순으로 고착되었다. 속격 명사(소유격 명사)가 피수식 명사에 대해서 전치되는가 후치되는가의 문제에 대하여 Fries에 의거하여 900-1250년경의 분포 추이를 살펴보기로 한다.

발 빠르게도 이미 13세기에 속격 명사는 거의 전치되는 것으로 고정화되었음을 알 수 있다. 단, 속격 명사가 후치된 B A's 형식의 모든 예가 A's B로 바뀐 것은 아니었고, 전치사 of를 사용한 통사적 방법에 의해 B of A로 전환된 것도 매우 많았다. 특히 A가 사람이 아닌 경

속격 명사 전치의 발달과정

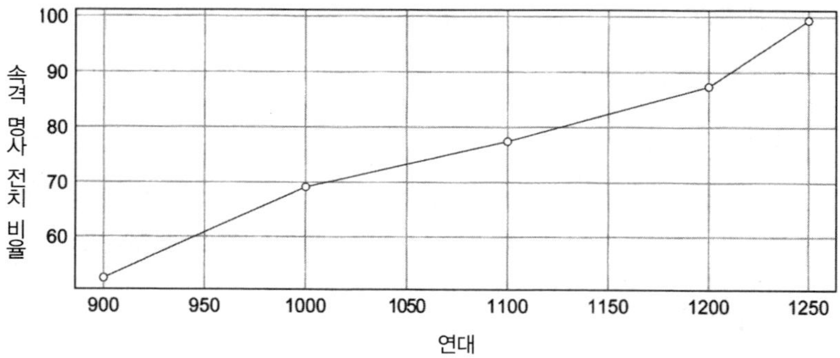

Fries, "On the Development of the Structural Use of Word-Order in Modern English"에 기초하여 작성

우에는 그 경향이 더욱 강했는데, 이는 현대영어 어법과도 연결된다. 당시에 속격 굴절어미로서 비교적 굳건하게 버티고 있던 -s가 일반화되었는데, 이것이 다른 굴절어미보다도 음성적으로 소실되기 어려운 장점이 있었음에도 불구하고 of를 사용한 표현이 애용되었다는 것은 이 시기에 영어가 굴절을 중시하는 종합적 유형으로부터 어순이나 전치사를 중시하는 분석적 유형으로 변모하고 있었음을 보여준다(1.4절 참조).

속격 명사 어순의 고정화와 관련하여, 17세기 후반에 속격 명사가 아닌 통격 명사(단수에서도 복수에서도)가 다른 명사 앞에 전치되어 그대로 수식어로 사용된 예(ex. school teacher, examination paper)가 나타나는데, 이같은 복합어 형성은 수식어와 피수식어의 위치관계가 고정되었음을 전제로 하는 것이며, 이러한 중세영어 이후의 어순 고정화가 훗날의 어형성법에 미친 영향이 얼마나 큰지를 보여주는 것이다.

지금까지 동사와 목적어의 위치관계, 속격 명사와 피수식어 명사의 위치관계에 대한 역사를 살펴보았는데, 이들 모두 늦어도 중세영어 말기까지는 현대영어 풍의 어순으로 고정되었음을 알 수 있다. 중세영어는 어순의 고정화가 현저하게 진행된 시대라고 결론지을 수 있다.

4.4.4 왜 영어 인명의 순서는 '이름 + 성' 일까?

앞 항에서 중세영어기에 걸쳐서 of에 의한 소유관계 표현이 애용되었다는 사실에 대해 언급하였는데, 그와 관련하여 인명의 어순에 관한 소박한 의문을 제기하고자 한다. 본 항의 제목은 '성 + 이름' 의 어순을 당연시하는 한국어 모국어화자에게 있어서 무척 소박한 질문이다. 한국어에서는 '김영수' 인데, 영어에서는 왜 John Smith가 되는 것일까?

단적으로 말하면, 두 언어에서 수식어구와 피수식어구의 어순배열의 차이가 그 이유이다. 가장 단순한 '형용사 + 명사' 의 어순에 대해서는 두 언어가 모두 공통이지만, 수식하는 부분이 구나 절 등과 같이 길 경우에는 한국어에서는 '수식어구 + 피수식어구' 가 되는 반면, 영어에서는 전치사구나 관계사절의 예를 떠올리면 알 수 있듯이 '피수식어구 + 수식어구' 의 어순이 된다. '김씨네 영수' 는 한국어에서는 '김(의) 영수' 가 되지만 'Smith 씨네 John' 은 John (of) Smith가 된다. 그런데 *Smith's John과 같이 소유격(옛날에는 속격)을 사용하여 한국어와 마찬가지로 '수식어구 + 피수식어구' 로 만드는 방법도 있지 않았을까 하는 의문이 생긴다. 왜 이 방법은 쓰지 않았을까?

애초에 성(surname)을 쓰게 된 이유 중 하나는 이름(first name)만으로는 인물을 특정할 수 없을 가능성이 높아졌기 때문이다. 정부 당국으로서는 세금 관리나 인민 통치를 위해서도 인물을 특정하는 것이 중요했으며, 지역 차원에서도 어느 집의 John 인가를 구별할 필요가 있었을 것이다. 그래서 지명이나 직업명 등을 적당한 식별사로 사용하여 '○○의 John' 등으로 부르게 되었다. 이 경우 영어에서의 어순은, 특히 지명 등을 사용하는 경우에는, X's John 이 아니라 John of X 가 보통이었다. 통상 England's king이라고 하지 않고 the king of England 라고 하는 것과 같다. 원형이었던 '김의 영수'에서 조사 '의'가 생략되어 '김영수'가 된 것과 마찬가지로, 원형이었던 John of Smith에서 전치사 of가 생략되어 John Smith가 되었다고 볼 수 있다.

원형에는 있었을 것으로 여겨지는 전치사가 탈락했다는 설을 지지하는 근거로는, of가 아니더라도 Uppiby "up in the village", Atwell "at well", Bysouth "by south", atten Oak "at the oak" 등과 같이 전치사가 들어있는 성이 일찍부터 관찰되었다는 것을 들 수 있다. 노르만 정복 후에 영어 인명은 프랑스에서 유입된 것도 있어서 영국에서 프랑스 성 de Lacy 등이 쓰이는 경우도 흔하게 있었다. 이런 형태의 성이 납세자였던 토지 소유 계급 사람들에게 많았음은 설명할 필요도 없으리라 여겨진다. 그러나 그 이후 시대에 이들 전치사는 대략 소실되어 갔다. 영어 이외의 언어에서는 프랑스어의 de, 이에 대응하는 독일어의 von, 네덜란드어의 van 등이 가끔 인명에 남아있다. 이렇게 '이음매' 역할을 하는 전치사의 양상은 언어마다 다른 것 같다.

본 절에서 다룬 어순의 문제를 보면 현대영어에서 당연시하는 것이 사실은 역사적 과정에서 고착된 것임을 알 수 있다. 그 역사적 과정의 첫 단계가 바로 어미모음의 애매화라고 하는 아주 작은 현상이었다. 이것이 직접·간접으로 영어 체계를 흔들어서 커다란 재편성의 도화선이 되었고, 현재 당연하다고 여겨지는 어순을 확립하게 된 것이다. 이와 같이 현재의 영어(그리고 한국어)에서 일어나고 있는 아무도 신경쓰지 않는 작은 변화나 변이가 어쩌면 언어체계를 흔드는 계기가 되어 수 백 년 후의 영어나 한국어의 모습을 크게 변화시킬 가능성을 부정할 수 없다.

4.5 왜 May the Queen live long!은 이 어순일까?

— 기원을 뜻하는 may의 발달

4.5.1 근대영어기의 기원을 나타내는 may의 발달

현대영어에는 조동사 may를 사용한 기원문이 있다. '여왕 만세'를 나타내는 본 절의 제목처럼 'may + 주어 + 동사'의 어순으로 하는 것이 원칙이다. 현재는 유난히 형식적인 구문인데, 예컨대 문어에서는 May you succeed! 라고 써야 할 곳에서 구어에서는 I hope you will succeed. 정도로 말하는 경우가 많다. 중간적인 화법으로서 종속절 안에 may를 사용하는 I hope you may succeed. 나 I wish it may not prove true. 나 Let us pray that peace may soon return to our troubled land. 와 같은 문장도 찾아 볼 수 있다. may의 기원(및 주문)용법의 예를 들어보겠다.

- May it please your honor! (황공하오나 말씀 올립니다.)
- May he rest in peace! (그의 영혼이 평화롭게 잠드소서.)
- May you have a long and fruitful marriage.
  (오래 오래 결실 있는 결혼 생활하시길.)
- May all your Christmases be white! (화이트 크리스마스가 되길.)
- May you rot in hell! (지옥에 떨어져라.)

그러나 위에서 보이는 바와 같이 어순에서 벗어나는 Much good

may it do you!(그것이 제발 망치게 되길.), Long may he reign.(그가 오래도록 통치하길.), A merry Play. Which this may prove.(유쾌한 연극. 이것이 제발 그러길.)와 같은 예도 있다.

역사적 관점에서 보면 법조동사 may의 기원적 용법은 이전 시대에 그러한 목적으로 사용되었던 동사 접속법 대신에 발전해 왔다. 또한 앞서 예시한 I hope(that)you may succeed.와 같이 기원동사 뒤에 오는 that절에서의 용법으로부터 발달했을 수도 있다. 이런 복합적 흐름이 1500년 경에 합류하여 근현대의 '기원적 may'가 나타났을 것으로 여겨진다. 역사적 원칙에 근거하여 편집된 권위있는「옥스포드 영어사전」(=OED)에 의하면, 이 용법으로 쓰인 may의 첫 예는 16세기 초에 나타난다. 그 첫 예 두 가지를 살펴보겠다.

- Wherfore that it may please your good lordship, the premisses tenderly considered to graunt a Writ of subpena to be directed [etc.].(1501년)
- For so much as I was spoyled by the waye in cominge towards England by the Duke of Alva his frebetters, maye it please the Queenes Majestie [etc.].(1570년)

it may please…나 may it please… 와 같은 정형문구가 많은 것을 보면 현대적인 'may + 주어 + 동사'의 어순이 반드시 원칙이었던 것은 아니었던 듯 하다. 그 후에 이 어순이 일반화되었는데, 그 경위나 이유는 아마도 상상 이상으로 복잡하다. 근현대영어의 접속법의 잔해가 Suffice it to say…, Be that as it may, Come what may 등의 어순에서 볼 수 있는 것과 관계가 있을지도 모른다.

또한 최초의 예와 같이 비인칭적으로 사용된 예가 나중 시대에서도 드물지 않다. Wo may you be that laughe now!, Much good may do you with your note, madam!, 그리고 현대의 Much good may it do you! 등에서 지속적으로 나타나고 있다.

4.5.2 고대영어·중세영어에서 기원적 may의 태동

앞 항에서는 근대영어기에 기원을 나타내는 조동사 may가 발달한 경위를 살펴 보았다. 앞서 언급한 바와 같이 OED에 의하면 그 첫 예는 16세기 초에 나타났지만, Visser에 의하면 아주 드물기는 하지만 그 이전 중세영어기에도 그 예를 볼 수 있다. 아주 초기에 나타나는 이들 예에서는 역시 모두 may가 문두에 놓여있지 않다는 점을 주목해 주기 바란다.

- from dyssese he may us saue. "May he save us from disease."(1425년 경)
- Thy voyce may sounde in mine eres. "May your voice sound in my ears."(1450년)

앞에서 기원을 나타내는 may의 발전 배경에는 원망(바램)을 나타내는 동사 접속법 용법과 hope 등의 동사 뒤에 오는 종속절 안에서의 may의 사용과 관계가 있을 것이라고 설명했었는데, 또 하나의 요소로서 Visser가 말하는 중세영어 조동사 mote의 기원적 용법을 들 수 있다. 여기에 든 용례는 중세영어기의 것인데 Visser는 후기 고대영어에도 있었을 것으로 생각한다.

- Iblessed mote he beo þe comeþ on godes nome "May he be blessed who comes on God's name."(1275년 경)
- Blysse mote þe bytyde! "May bliss fall on you!"(1380년 경)

이 mote의 용법은 「중세영어사전」(=MED)에도 예가 나와 있는데 중세영어에서는 쉽게 찾아 볼 수 있는 것들이다. 이것이 나중에 may로 바뀐 것이리라. 또한 과거형 might도 똑같은 기원적 용법이 중세영어부터 보이기 시작하는데, mote와 더불어 might도 또 하나 고려해야 할 요인인 것 같다. 현대영어 may의 기원적 용법의 발달을 조사하려면 우선 중세영어(이전)의 mote나 might의 동일 용법에 대한 발달과정을 추적해야 할 것이다.

4.5.3 어용론적 표시로서의 may

현대영어의 기원적 용법에서 전치되어 사용되는 may는 **어용론적 소사**(pragmatic particle)로서 기능하고 있다고 한다. 어용론적 소사란 통사적·어휘적 기능을 한다기보다는 화자의 청자에 대한 태도나 배려 등과 같은 어용론적 기능을 표시하는 소사를 지칭한다. 3인칭에 대한 명령문인 Let them come here.나 Let the world take notice.에서 문두에 쓰이는 let도 같은 어용론적 기능을 한다. 확실히 may 기원문과 let 권고문에는 유사점이 있다. 두 경우 모두 통사적으로는 절의 시작 부분에 나타난다고 하는 파격적 성질을 지닌다. 또 바로 뒤이어 3인칭 명사구를 취할 수가 있으며, 어용론적으로는 기원·권고라고 하는 비슷한 **발화행위**(speech act; 화자의 발화가 그 자체로서 어떤 효과·행위를 유발하는 것)를 나타낸다. 더욱이 두 경우의 발화행위가 모두 고대영어에서 중세영어에 걸쳐 전형적인 동사 접속법에 따라 표현되었다는 공통점도 있다. 통시적으로는 may이든 let이든 접속법 동사를 대신하는 통사적 부품으로 기능하기 시작했는데, 그러는 동안 고정화되어 각각이 기원과 권고라고 하는 발화행위를 표시하는 마커, 즉 어용론적 소사로서 기능하기에 이르렀다.

Rissanen은 may와 let을 사용한 기원·권고 용법의 발달을 수평적으로 다루고 있는데, 양자가 서로 영향을 미쳤는가에 대해서는 연구하지 않았다. 그러나 발달시기의 차이에 대해서 언급하고 있는 것을 보면, 전자의 발달이 후자의 발달을 더욱 촉진시켰을 가능성이 있으며, 적어도 Rissanen을 참조하고 있는 마츠세(松瀨)는 그렇게 해석하고 있는 것 같다. 이러한 인과관계나 시간관계에 대해서는 더 상세한 조사가 필요하지만, 얼핏 보았을 때 전혀 다른 어휘인 것처럼 보이는 may와 let을 어용론적 산물로 보는 시각은 매우 흥미롭고 설득력이 있다.

이상에서 전치되는 기원적 may의 발달에는 여러 가지 언어적 조건이 있었음을 알 수 있다. 일련의 흐름과 관련된 요인으로는 기원동사의 종속절의 법과 어순, 기원 접속법을 사용한 주절의 용법, 접속법 대용으로서의 조동사 may의 발달, 비슷한 조동사 mote의 기원적 용법의 영향, let 구문으로부터의 유추, 어용론적 소사로서의 may와 그 어순의 발달 등이 있음을 알았다. 이들 요인들이 복잡하게 얽혀서 근대영어기에 모든 조건이 정비된 결과 어떤 하나의 특징있는 용법이 확립되었을 가능성이 크다. 이와 같은 역동적 시나리오를 짜낼 수 있는

데에 영어사나 역사영어학의 묘미가 있다.

이들 여러 요인을 '역사언어학적 지하수맥'이라고 부르겠다. 여러 수맥이 때로는 독립적으로 때로는 서로 관여하면서 흐르다가, 어느 시점·지점에서 합류했을 때 지상으로 분출되어 큰 흐름(때로는 급류·탁류)이 된다. 각각의 지하수맥의 흐름에 목적이란 없다. 그저 흘러갈 뿐이다. 그러나 이들 수맥이 우연히 합류할 때 마치 확고한 의지를 가진 생물체처럼 한 방향을 지향한다. 역사언어학의 재미는 분출구나 그 후에 나타나는 흐름을 추적하는 것과 같은 정도로 또는 그 이상으로 눈에 보이지 않는 지하수맥 하나하나를 쫓아가는 것에 있는 것이다.

제5장

어휘와 의미에 관한 소박한 의문

Lexicon & Meaning

5.1 왜 Help me! 라고는 외치는데 Aid me! 라고는 외치지 않을까?

— 영어 어휘의 계층성(1)

5.1.1 한국어 어휘의 계층

연못에 빠졌을 때 외치게 되는 영어 표현은 Help(me)! 이지 결코 Aid me! 가 아니다. 한국어로 '살려줘.' 라고 외치는 경우는 있어도 '원조를!' 이라고는 결코 말하지 않는 것과 같다. 익사 직전의 당사자는 '원조' 라는 한자어를 떠올릴 정도로 마음의 여유가 있지 않으며, '원조' 라는 단어로는 절박감을 표현할 수 없다. 영어에 대한 감각은 한국어에 대한 감각과 비슷하기 때문에 한국인이 영어 유사어를 이해하는 데에 큰 어려움은 없다.

이러한 의문에 접하여 우선 한국어의 어휘 선택에 대해서 깊이 생각해 보자. 왜 이 상황에서 '살려줘.' 가 적합하고 '원조를!' 은 적합하지 않은 것일까? **어종**(어원에 의한 어휘의 종별)으로 보면 '살리다' 는 순수 한국어인 반면에 '원조' 는 한자어, 즉 중국어에 그 기원이 있다. 순수 한국어는 아주 옛부터 쓰여 온 본래 한국어 어휘이고 한자어는 주로 불교의 전래와 더불어 대륙으로부터 들어온 중국어 유래 차용 어휘이다. 대량의 한자어가 유입되면서 그때까지 순수한국어였던 어휘들 중에 한자어층이라는 새로운 층이 생겨나게 되었다. 종전에는 '살리다' 만 존재했었는데 새로 '원조' 라는 어휘가 들어온 것이다.

언어에서 하나의 의미에 대해서 두 개의 어휘가 대응하는 것은 비경제적이므로 이같은 경우에는 그 중 하나가 폐어가 되어 소실되는 경우가 있는가 하면, 의미분화 현상이 일어나는 경우도 적지 않다. 두 어휘가 마치 스스로 존재의식을 주장하는 것처럼 서로 뉘앙스를 바꾸어 공존 번영하는 길을 택하는 것이다. '살리다'와 '원조'는 중심적 의미(의미론에서는 **명시적 의미**(denotation)라고 한다)를 공유하고는 있지만 뉘앙스나 연상되는 이미지(의미론에서는 **함축적 의미**(connotation)라고 한다)는 서로 달라서, 양자는 각각의 역할을 담당하면서 공존하고 있다. 그러면 각각의 함축적 의미는 어떻게 다른가? '살리다'는 기본적, 일상적, 감정적, 구어적, 주관적이고 유치하며 따뜻하고 정감있는 이미지를 지니고 있는데 반해, '원조'는 응용적, 이성적, 문어적, 객관적, 중립적이고 특수하며 수준이 높고 다소 어렵고 차가운 느낌을 준다. '살리다'와 '원조'에 국한되지 않고 일반적으로 순수 한국어와 한자어 사이에는 이와 같은 함축적 의미의 차이가 있다. 대략적으로 말하면, 순수 한국어는 따뜻하고 속되며, 한자어는 냉담하고 고상하다.

그렇다면 순수 한국어와 한자어에는 각각 왜 이와 같은 이미지의 차이가 생긴 것일까? 한자어가 갖는 고상함에 대해서 말하자면, 그것은 당시 중국의 진화된 문명, 즉 지적인 것과 강하게 연관되어 있기 때문이다. 새로운 문물, 즉 미지의 개념이나 선진적 사상과 같이 눈에 보이지 않는 것을 포함해서 중국에서 전래된 모든 것들은 한국인의 눈에는 압도적으로 우위에 있는 것으로 비추어졌다. 그 결과, 한국어에서 한자어는 문명의 상징으로 기능했고, 순수 한국어 위에 군림하는 새로운 어휘층을 형성하게 된 것이다. 한편, 상대적으로 하층으로

몰린 한국어는 한자어와 대립하면서 일상적이고 구어적인 울림을 갖게 되었고, 때로는 감정적이고 때로는 따뜻한 정서와 관련된 뉘앙스를 지니게 되었다. 이렇게 상하 계층 구분이 확립되었고, 그 후에 이러한 어휘 계층의 구분이 역사적으로 유전, 발전되면서 현재에 이르고 있는 것이다(다음 항의 왼쪽 표 참조).

순수 한국어의 세계는 영원하고 광대한 이미지인데 반해, 한자어의 세계는 중립적인 울림이 있다. '돈'은 일상적이며 때로는 너무 노골적인데 반해, '금전'은 그런 특별한 인상을 주지 않는다. 한자어 '일, 이, 삼'보다도 순수 한국어 '하나, 둘, 셋'이 더 정감있다.

5.1.2 영어 어휘의 계층

영어사에서도 매우 비슷한 현상이 일어났다. 영어 어휘도 처음에는 순수한국어에 해당하는 영어 본래어만 있었다(1.5절 참조). 그러나 1066년 노르만 정복으로 인해 대륙의 진화된 문화가 브리튼 섬으로 밀려 들어왔고 그와 동시에 대량의 프랑스어가 유입되었다. 당시의 영어 화자들에게 프랑스어는 문명의 언어였으며 고상하고 지적인 것을 매개해 주는 언어로 여겨졌다. '살리다'를 의미하는 단어로 영어 본래의 help가 있기는 했지만, 중세영어 후기에 프랑스어 aid가 유입되어 함축적 의미의 분화가 일어나게 되었다. help는 일상적·감정적인 함축을 지니는 반면, aid는 지적·이성적인 함축을 가진 어휘로 사용되었다. 따라서 긴급한 장면에서는 아무래도 help가 쓰이게 되는 것이다. 영어에서는 많은 본래어와 프랑스 차용어가 이같은 관계에 놓인 것들이 많으며, 결국 전체적으로 영어 어휘가 두 계층으로 나누어지게 되었던 것이다.

여성의 아름다움을 표현할 때 beautiful(엄밀히 말하면 beauti- 부분만 프랑스어 요소)은 사교적인 냄새가 풍기는 데 반해, 본래어인 fair는 참된 아름다움을 떠올리게 한다. 본래어 hearty는 '진심을 담아서'의 진정성이 느껴지지만, 차용어 cordial은 사업상의 편지 느낌이다. 본래어 kingly는 왕의 위용을 직접 전달하는 데 반해, royal은 고상하고 세련된 느낌을 동반한다. 본래어 guts는 조야하면서 힘차고, 차용어 entrails는 객관적인 용어이다.

한국어 어휘의 계층구조

한국어(본래어)	한자어(차용어)
바다	대양
돈	금전
헤엄	수영
계집	여자
사내	남자
머리털	모발
뒷간	변소
마당	정원
싸움	전투
달걀	계란
하나	일
밥	식사
잠	수면
목소리	음성

영어 어휘의 계층구조

영어(본래어)	프랑스어(차용어)
ask	question
fair	beautiful
fear	terror
fire	flame
folk	people
goodness	virtue
guts	entrails
hearty	cordial
holy	sacred
kingly	royal
lively	vivacious
rise	mount
time	age
word-hoard	vocabulary

이와 같은 역사적 배경으로 인해 영어에서는 많은 유사어들이 두 계층으로 나뉘어 분포하게 되었다. 각각의 함축적 의미나 사용법이 서로 다르기 때문에 학습자 입장에서는 암기할 사항이 많아져서 골칫거리이기는 하다. 또한 어휘 선택에 있어서 TPO를 잘 구분해서 사용해야 한다는 점도 성가신 부분이다. 그러나 앞에서 설명했듯이, 한국어도 이와 비슷한 역사적 경위에 따라 어휘의 계층성을 지니고 있으며, 실제로 우리는 유사어들을 반은 의식적으로 반은 무의식적으로 구분하여 사용하고 있다. 각각 수비 영역이 서로 다른 유사어를 잘 구분하여 사용함으로써 풍부한 표현을 만들어내고 있는 것이다. 이 점에서는 영어도 한국어도 서로 다르지 않다. 두 언어의 큰 공통점으로 기억해 두면 좋겠다.

5.1.3 역전된 구조

영어 본래어가 하층, 프랑스 차용어가 상층이라고 하는 도식적 구분이 대부분 맞긴 하지만 종종 예외도 있다. 예를 들면, 다음 표에서 보이는 단어 쌍에서 과연 본래어가 더 기본적, 일상적이고 알기 쉬운 어휘라고 할 수 있을까? 이들 단어 쌍에서 특별한 함축 없이 일상적으로 사용되는 것은 오히려 프랑스 차용어 계열이다. 영어 본래어 계열은 문학적·시적이며 사용빈도도 상대적으로 낮다. 예상과는 달리 이렇게 분포가 역전되는 것은 무슨 이유일까?

영어(본래어)	프랑스어(차용어)
dale	valley
deed	action
foe	enemy
meed	reward
(to) heed	(to take) notice (of)

우선 이들 단어쌍에서는 본래어의 낮은 빈도나 좁은 사용역으로 미루어 볼 때 차용어가 본래어를 반 정도는 치환해 버린 것 같다. 본래어는 그냥 방치했으면 소멸되었을 텐데, 사용역을 제한하거나 방언으로 한정하거나 하여 결국에는 주변적 존재로서 살아남게 되었을 것이다. 외래 요소로부터의 압력을 받아 의미가 특수화되거나 또는 축소된 사례라고 볼 수 있다(5.4.1 참조).

그리고 이와 같이 해서 살아남은 본래어는 나중에 그 '감정에 직접 호소하는' 성질을 최대한 발휘하여 결국에 강한 감정을 나타내는 특정 함의를 지니게 되었을 것이다. 어쨌거나 이들 본래어는 주로 문학적, 시적인 울림을 가지고 쓰이게 되었다.

5.2 더욱이 왜 Assist me! 라고는 외치지 않는 것일까?
— 영어 어휘의 계층성(2)

5.2.1 영어 어휘의 3층 구조

앞 절에서 보았듯이 유사개념을 나타내는 둘 이상의 어휘가 있는 것은 어떤 언어에서나 흔히 있는 일이다. 확실히 완전한 **동의어**라는 것이 존재하기는 어렵지만 조금 조건을 완화시켜서 **유사어**(synonym)라고 한다면 많은 언어에 존재한다. 그러나 영어에서 유사어가 풍부한 것은 다른 언어에 비해서 놀랄 만한 정도이다. 이것은 영어 유사어사전(thesaurus)을 펼쳐보면 금방 알 수 있다.

영어사적 관점에서 유사어가 풍부한 이유를 설명하자면, 그것은 영어가 많은 언어와 접촉해 왔기 때문이다. 많은 언어로부터 다양한 어휘를 조금씩 서로 다른 뉘앙스로 도입하여 축적해 왔기 때문에 결과적으로 영어는 유사어의 보고(thesaurus)가 된 것이다.

앞 절에서는 영어 본래어 층 위에 노르만 정복에서 기인하는 프랑스 차용어층이 생겨난 것을 살펴 보았다. 그러나 그것 외에도 현대영어 어휘에서는 소위 제3의 층을 구성하는 라틴·그리스어로부터의 차용어를 관찰할 수 있다. 영어 어휘에서 또 하나의 전형적 유사어 패턴으로서 '3층 구조'를 생각할 수 있다. 하층은 본래어, 중층은 프랑스어, 상층은 라틴·그리스어로 되어 있는 패턴의 예를 아래 표에서 보이겠다.

하층은 문자 그대로 '레벨이 낮기'는 하지만 동시에 '따뜻함'과 '정감'이 있다. 본래 게르만계 어휘이므로 정겨운 고향같은 느낌이 드는 것은 당연할 것이다. 중층을 차지하는 프랑스어는 앞 절에서 살펴 보았듯이 다소 권위나 교양을 느끼게 하는 것들이며, 그렇다고 서민이 접근할 수 없는 정도로 레벨이 높은 것은 아니다. 역사적으로는 중세 영국의 공식 언어가 프랑스어였기 때문에 중세영어기에 차용된 프랑스 어휘 중에는 특별한 권위를 풍기지 않고 충분히 서민화된 어휘들도 꽤 많다(ex. face, finish, marriage, people, story, use). 상층에는 학문과 종교의 언어, 즉 권위로 가득 찬 언어인 라틴어(또는 그리스어)가 자리 잡고 있다. 말의 울림이 엄격하고 가까이 하기 어려울 뿐 아니라 음절수도 많은 것이 보통이다. 이들 라틴·그리스어로부터 차용된 어휘들은 주로 지적 호기심이 폭발했던 르네상스시기에 영어로 유입되었다.

고대영어(본래어)	프랑스어(차용어)	라틴·그리스어(차용어)
ask	question	interrogate
book	volume	text
fair	beautiful	attractive
fast	firm	secure
fear	terror	trepidation
fire	flame	conflagration
foe	enemy	adversary
folk	people	population
gift	present	donation
go	depart	exit
goodness	virtue	probity
guts	entrails	intestines
hearty	cordial	cardiac

help	aid	assistance
holy	sacred	consecrated
kingly	royal	regal
lively	vivacious	animated
rise	mount	ascend
time	age	epoch
word	term	lexeme
word-hoard	vocabulary	lexicon

이와 같이 역사적으로 3층 구조 어휘 체계가 발달하게 된 영어에서는 계층간의 사용 구분이 문제가 된다. 특히 미묘한 의미 차이나 적절한 **사용역**(register)을 파악하는 것이 중요하다. 예를 들면, 일상 회화에서는 하층이나 중층 어휘가 적절하지만, 학술 논문에서는 중층이나 상층 어휘를 적절히 사용할 필요가 있다. 가볍게 질문할 때 May I interrogate you?는 좀 이상하고, 연못에 빠졌는데 Assist me!는 엉뚱하다.

5.2.2 3층 피라미드 구조의 비유

3층 구조라는 표현이 환기하는 것은 상하관계와 계층이 존재하는 건물과 같은 이미지를 떠올리게 할지도 모르는데, 사실은 건물이라기보다는 밑변이 넓고 올라갈수록 좁아지는 피라미드와 같은 모양을 상상하는 것이 더 타당하다. 즉, 맨 아래 넓은 저층에는 본래어, 폭이 좀 좁아지는 중간층에는 프랑스어휘, 그리고 매우 좁아지는 맨 윗층에는 라틴·그리스어휘가 놓이는 그런 이미지이다.

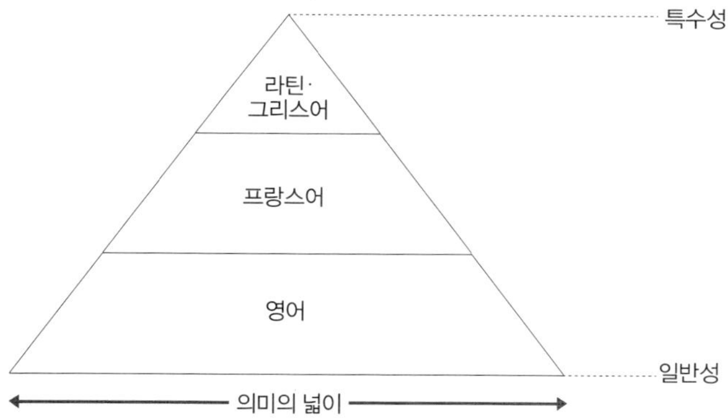

Hughes, *A History of English Words*를 기초로 하여 작성

피라미드 비유가 적절한 이유는 첫째로 라틴·그리스어휘가 가장 높은 층에 놓임으로써 그것이 지니는 특권적 지위와 권위가 잘 나타나 있기 때문이다. 라틴·그리스어휘가 사회언어학적으로나 문체적으로 압도적인 위치를 차지하고 있는 것을 건물 모양보다는 피라미드 모양으로 더 잘 표현할 수 있다. 두 번째로는 각각의 어휘 빈도가 피라미드에서 보이는 각 계층의 넓이로 표현될 수 있기 때문이다. 말하기뿐만 아니라 쓰기에 있어서도 본래어의 빈도가 압도적으로 많다. 대조적으로, 높은 계층의 어휘들은 그 빈도가 낮다. 개개 어휘에 대해서는 반례도 있겠지만, 전체적인 경향으로 볼 때 각 계층의 빈도와 넓이는 서로 대응관계에 있다. 그러나 각 계층의 어휘량(어휘 수)으로 보면 반드시 그것이 피라미드 상의 면적과 대응하지는 않는다. 최고 빈도 100어휘 또는 최고 빈도 600어휘 등의 단위로 보면 어휘량과 넓이는 대략 대응하지만, 10000어휘 정도 수준으로 조사해 보면 라틴·그리스 어휘의 비율이 갑자기 늘어나기 때문에 그 전제는 깨지고 만다.

피라미드의 비유가 유효하다고 여겨지는 세 번째 이유는 피라미드 상의 각 계층의 넓이가 빈도뿐만 아니라 구성어가 지니는 의미와 용법의 범위와도 대응하기 때문이다. 본래어는 상대적으로 비근하고 빈도도 높으며, 나아가서 다의어가 많고 용법도 다양하다. 예를 들면, '주다'라는 기본적인 어의가 같은 본래어 give(엄밀히 말하면 고대 노르드어에서 차용된 것인데, 동화된 시기가 매우 빨라서 거의 본래어라고 생각해도 좋다)는 여러 파생적 어의를 지닌 다의어인데 반해, 라틴 차용어인 donate는 어의가 한정되어 있다. 또 give는 SVO_1O_2나 SVO_2 to O_1의 문형을 취할 수 있는데(즉, **여격교체**가 가능하다)반해, donate는 후자의 문형만을 허용한다.

위에서 열거한 세 가지 외에도 각 계층의 넓이와 어휘의 난이도가 서로 관련있다고 보는 경우도 있다. 결국 어휘 계층은 기본성, 일상성, 문체적 권위, 빈도, 의미·용법의 범위 등과 같은 여러 요소들과 상관관계가 있는 것으로 보인다. 피라미드의 비유는 실로 교묘하다.

한편, 피라미드 3층 구조를 영어어휘의 특징으로 보는 일반론이 어느 정도는 유효하나, 엄밀히 말하면 이 비유에 문제가 없는 것은 아니다. 우선 3층을 이루는 3어휘를 한 세트로 제시하는 것이 의외로 어렵다. 영어어휘의 특징이라고 했으니 그러한 예를 차례차례 제시하는 것이 쉬울 것 같지만 사실은 그렇지 않다. 5.2.1에서 제시한 예는 3층 구조를 입증하기 위해 열심히 생각해서 골라낸 어휘들이다.

다음으로 유사어 범위의 애매성이다. 표에서 각 행에 보이는 3종류의 어휘는 의미를 공유하는 유사어이기는 하지만, 유사성을 어디까지 인정하는가 하는 판단은 해석자에게 달려 있다. 예컨대, hearty와

cordial은 '진심의' 라는 뜻을 공유하지만 cardiac은 좀 다르다. book - volume - text는 어떤가? 유사어 사전들 사이에서도 수록된 유사어의 종류나 수가 서로 다른 것을 보면, 유사어를 판단하는 데에 절대적인 기준을 두는 것은 어려운 일이다. 그러니 앞의 표에 열거한 예들은 무척 애써서 찾은 어휘들임을 강조하고 싶다. 이 표에는 제시하지 않았지만 이들 외에도 3층 세트 어휘인 stealthy - secret - confidential 구조에서는 본래어 stealthy가 저층에 있을 것이라고 생각하기는 어렵고 오히려 프랑스어인 secret이 훨씬 더 일반적으로 통용된다. 3층 구조라고 하는 일반론에 반하는 예는 이들 외에도 많이 있을 것이다. 따라서 3층 구조라는 것은 어디까지나 일반론이라는 것을 염두에 두고, 이들 예외적 어휘에 대해서는 주의할 필요가 있다.

본 절을 요약하겠다. 영어어휘에서는 차용의 역사를 반영하는 특징적 3층 구조가 관찰된다. 하층은 본래어, 중층은 프랑스어, 상층은 라틴·그리스어가 차지하는 구도가 일반적으로 적절하다. 그러나 어휘 구조의 복잡성이나 단어 하나 하나의 개별성을 고려할 때, 모든 어휘가 깔끔하게 3층구조로 분류되지는 않는다. 일반론과 개별론 양쪽을 모두 고려해야만 과부족 없이 어휘를 기술할 수 있으며, 그 기초로서 영어어휘 차용사를 아는 것이 매우 중요하다.

5.3 왜 하나의 단어가 여러 의미를 지닐까?
— 동음이의와 다의

5.3.1 동음이의 충돌

영어 학습자는 종종 영어에는 light '가벼운'과 light '옅은'과 같이 동음이의어가 많다는 것에 불만을 토로한다. 확실히 적지 않은 것이 사실이나, 한국어에도 꽤 많은 동음이의어가 있다. 언어에 따라 많고 적음의 차이는 있겠지만, 어떤 언어에도 어느 정도의 동음이의어는 당연히 존재한다. 본 절에서는 동음이의에 대한 문제를 고찰할 것인데, 우선 동음이의어가 서로 충돌할 경우에 어떤 일이 벌어지는가를 살펴보기로 한다.

영어사에서 **동음이의충돌**로 유명한 예로 queen '여왕'(고 cwēn)과 quean '뻔뻔스러운 계집애, 말괄량이'(고 cwene)가 있다. 이 둘은 원래 형태적 구별이 있었으나 근대영어기에 모음이 융합하면서 발음상의 구별이 없어졌다. 의미적으로는 어떻게 보면 반의어라고도 여겨져서 오해의 소지가 많았기 때문인지 결국 후자는 18세기 중엽에 쇠퇴하였다.

gate '문'(고 geat)와 gait '길'(중 gate)도 마찬가지로 반의어라고까지는 말할 수 없지만 문맥에 따라서는 오해의 소지가 충분하므로 후자의 '길'의 의미는 쇠퇴하게 되었다. 그러나 이 경우에 gait라는 어휘 자체가 사라지지 않고 '걸음걸이'라는 의미로 특화됨으로써 살아남게 되었다.

동음이의어가 공존하는 예는 흔히 찾아볼 수 있는데, 위에 든 예와 같이 공존의 길을 택하지 않고 최종적으로 두 어휘 중 하나가 약화되는 방향으로 언어변화가 일어나는 경우도 있다. 동음이의 충돌 회피 현상이 언어변화의 원동력이라고 보는 견해가 있는데, 이것이 때로는 지나치게 기능주의적이라고 비난받기도 하지만 절대 아니라고 부정할 수만은 없다.

동음이의어 중 하나가 쇠퇴하는 것을 보고 어휘의 타락이나 표현력의 약화라고 보는 견해도 있는가 하면, 커뮤니케이션에서의 개선이라고 보는 견해도 있다. 단지, 영어사에서 보이는 사례들로 미루어 판단하면, 길게 볼 때 적어도 현재 동음이의어인 두 어휘 중 하나가 서서히 덜 사용될 가능성이 있을지도 모른다. 그러나 문자로 구별할 수 있는 이상, 실제 커뮤니케이션에서 크게 문제가 되지는 않을 것이다.

5.3.2 though와 they 동음이의 충돌의 예

영어사에서 고대영어 3인칭 복수 대명사 hīe가 중세영어기에 고대 노르드어에서 유래된 they로 바뀐 사실은 유명한 언어변화의 예로서 자주 언급된다. 이같은 기본적인 어휘가, 같은 게르만어계라고는 하지만, 다른 언어로부터의 차용어로 바뀌는 예는 그리 흔치 않다(실제로는 세계 여러 언어를 살펴보면 그리 드문 일은 아니다). they는 우선 처음에 잉글랜드 북부 방언에서 옛 형태가 바뀌었는데, 그 후 서서히 남부로 침투해 들어갔다. 남부로 침투해 간 것과 관련하여 이것이 동음이의 충돌에 의한 압력이라는 설이 제기되고 있다.

중세영어에서는 같은 어휘라도 방언에 따라서 다양한 철자로 표시되었다. 특히 극단적인 예로서 1.3.2 에서 언급한 through 의 철자를 들 수 있는데, 형태적으로 이와 유사한 접속사 though 도 비슷한 상황이었다. 실은 이 though 가 나중에 they 와 동음이의어 충돌 관계에 놓이게 된다. 중세영어 잉글랜드 남부 방언에서는 고대영어 웨스트색슨 방언형 þēah 에서 유래하는 þeiʒ (<ʒ>는 연구개마찰음을 나타내는 "yogh"라고 하는 중세영어 문자) 등에서와 같이 전설모음을 지니는 형태가 우세하였다. 어말 마찰음은 이미 소멸되어가고 있었고 þei 와 같은 철자가 쓰이기도 했다. 한편, 북부방언에서는 고대 노르드어의 **동근어**(cognate) 에서 유래한 þouʒ 등과 같이 후설모음을 지니는 형태가 우세하였다.

인칭대명사 they 에 대해서 살펴보면, 남부방언에서는 고대영어 hīe 에서 유래하는 hy 등과 같이 <h>를 어두에 지니는 형태가 압도적으로 많았다. 한편, 북부방언에서는 고대 노르드어에서 차용된 þey 가 우세하였다. 도식적으로 보면, 북부의 þouʒ "though", þey "they" 조합이 남부의 þeiʒ "though", hy "they" 조합에 압력을 가하려고 하는 상황이었다.

여기에서 먼저 북에서 남으로 압력을 가하기 시작한 것은 인칭대명사 þey "they" 였다. 이것이 남부로 침입하여 전통적인 hy "they" 의 자리를 천천히 침식해 갔다. 남부방언에서는 þey 가 "though" 와 "they" 양쪽 모두를 의미하게 되어 동음이의 충돌이 생겨났다. 이 동음이의 충돌에서 진 쪽은 빈도와 중요도에서 상대적으로 열세인 접속사 "though" 였다. "though" 는 "they" 와는 명확히 구별되면서 후설모음을 지니는 북부형 þouʒ를 받아들였다. 결과적으로 당초에 북부 조합 형태였던 것이 남부에도 차용된 셈이다. 그리고 그것이 현대 표준 영어에 전해 내려오게 되었다.

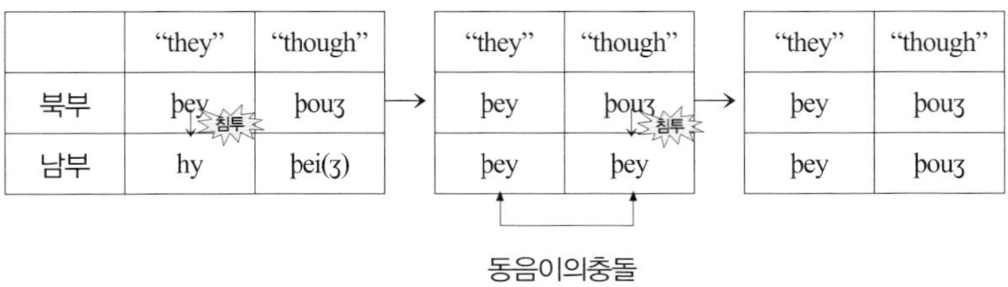

þouʒ "though"가 þey "they"보다도 나중에 남하한 것을 알 수 있는 것은, hy "they"와 þouʒ "though"가 중요한 조합임을 보여주는 텍스트가 하나도 없다는 것이다. 그런데 þey "they"가 먼저 남하했다고 가정할 경우에 예상되는 þey "they"와 þeiʒ의 조합은 소수 텍스트에서 실제로 확인된다. 단, 그런 텍스트가 소수라는 것은 þey의 동음이의 충돌이 단기간만 지속되었음을 시사한다. 동음이의 충돌이 생기자 곧 þouʒ "though"가 남하하여 문제가 해결되었을 것이다.

이상은 Samuels가 제시한 "though"와 "they" 동음이의 충돌에 관한 논의이다. Samuels가 논하지 않은 부분은 왜 þey "they"가 먼저 남하했는가에 대한 것이다. 사실은 여기에 또 하나의 동음이의 충돌이 숨어있다. 남부의 hy "they"는 종종 남성 및 여성 단수 인칭대명사 he(이것은 남성 hē "he"와 여성 hēo "she"가 형태적으로 융합하여 구별이 없어진 어형이다)와 형태적으로 구별될 수 없게 되었다. 그래서 h와 명확히 구별되는 th를 지니는 형태를 hy 대신 복수인칭대명사로 도입함으로써 체계

내의 동음이의 충돌 문제를 해결하고자 했던 것은 아닐까? 이렇게 생각하면 þey "they"는 첫 번째 충돌(hy "they" vs he "she")을 해결한 구세주였기는 하지만, 두 번째 충돌(þey "they" vs þey "though")을 초래한 범인이 된 셈이다.

5.3.3 동○이△어

지금까지 동음이의어라는 용어에 대하여 특별히 정의하지 않고 사용했는데, 이와 관련된 몇몇 '동○이△어'의 개념들이 있어 정리해보고자 한다.

동음이철(어)(homophony; homophones): 발음은 같지만 철자가 서로 다른 어휘간의 관계. ex. son '아들', sun '태양'

동철이음(어)(homography; homographs): 철자는 같지만 발음이 서로 다른 어휘간의 관계. ex. bow [bəʊ] '활', bow [baʊ] '인사'

동음동철이의(어)(homonymy; homonyms): 발음도 철자도 같지만 의미가 서로 다른 어휘간의 관계. ex. last '최후의', last '지속하다'

다의(어)(polysemy; polysemic words): 하나의 어휘가 서로 관련된 둘 이상의 의미를 지니는 상태. ex. crane '학', '기중기'

이상 네 가지 개념은 철자와 발음과 의미의 3자 관계가 복잡하다는 것을 반영하는 것이다.

다의라는 말의 정의는 나머지 다른 세 개념과 비교해 볼 때 다소 이

질적으로 느껴질 수 있는데, 사실은 동음동철이의와의 경계가 애매한 경우가 많다. 예로 든 crane은 역사적으로는 '학'의 의미가 먼저였으며 그 형상이 닮았다는 데에 근거한 **비유**(metaphor)로서 '기중기'라는 의미가 생겨났다. 역사적으로 의미의 연속성이 있다는 점에서 crane이라는 한 어휘에 두 가지 의미가 대응하게 된 다의어의 예로 보는 것이 자연스럽다. 따라서 사전에는 crane 하나만 기재하면 된다. 한편 last가 지니는 두 의미는 역사적으로 서로 관계가 없다. 어원도 다르고 형태도 다른 두 어휘가 우연히 같은 어형으로 합류된 것이다. 이 둘은 원래부터 다른 어휘이므로 사전에는 대개 두 개의 last로 기재된다.

그러나 '역사적·어원적인 고찰을 바탕으로 사전에 기재하는 방식을 정하는 것이 자연스럽다'고 하는 입장을 무조건 받아들여야 할까? 만일 어휘의 역사적 발달과정을 모른다면 사람들이 공시적 입장에서 아무런 힌트 없이 '학'과 '기중기' 사이의 관계를 과연 알 수 있을지도 의문이고, 반대로 '최후의'와 '지속하다' 사이의 관련성을 찾아내는 사람이 있을 수도 있다. 이 외에도 light weight와 light blue에서 사용되

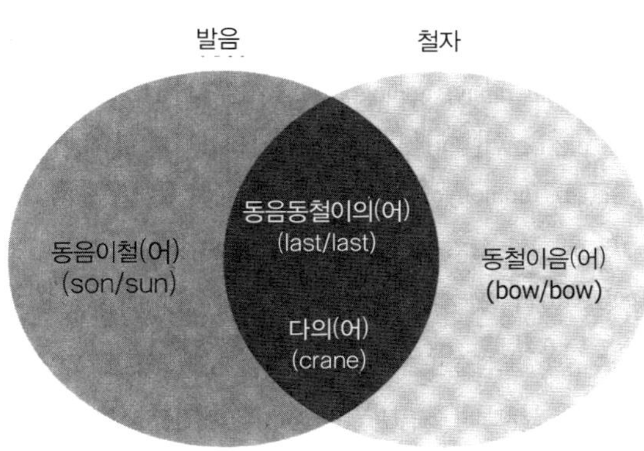

는 light는 어떤가? 역사적·어원적으로는 이 두 light는 구별되어야 하며 동음동철이의어 관계이다. 그러나 공시적으로는 '가벼운, 옅은, 흐린'이 의미적 공통점을 지니고 있다고 주장할 가능성도 있으며, 만일 그렇다면 다의어 관계에 있다고도 볼 수 있다. 이상 설명한 네 가지 개념은 앞의 그림과 같이 나타낼 수 있다.

동음동철이의어와 다의어의 구분이 명확하지 않다면, 동음이의 충돌과 다의 충돌도 그 경계가 애매할 수밖에 있다. 앞에서 설명했듯이, light(가벼운)과 light(색이 옅은)은 어원학자에게 있어서 별개의 어휘이며 동음동철이의어로 분류되나, 화자가 의미의 연관성을 느낀다면 그 화자에게는 다의어가 될 것이다. 반대로 flower와 flour는 어원학자에게는 동일 어근을 가진 어휘가 두 가지 철자로 나타난 것이므로 다의어의 예라고 주장할지 모르나, 일반 화자에게는 별개의 어휘이며 동음이의어로 여겨질 것이다. 가령 학술적으로 이 두 어휘 사이에 경계선을 그을 수 있다 하더라도 의미변화를 포함한 언어변화의 부담은 어디까지나 일반 화자의 몫이며, 언어변화에서 화자의 언어감각이야말로 결정적인 요소인 것이다.

이미 언급했듯이, 동음동철이의어와 다의어의 구별이 애매하다는 것은 동음이의 충돌과 다의 충돌의 구분도 애매하다는 것을 의미한다. '가벼운'의 의미는 light라고 하는 하나의 어휘로 표현할 수 있는데, 혹시 '옅은'이나 '흐린'의 의미로 오해할까 걱정되어 light weight라고 표현하는 화자가 있을지도 모른다. 이런 경우에 일어나는 것이 동음이의 충돌 회피인지, 다의 충돌 회피인지 정확히 구분하기는 어렵다.

너무나도 다양한 의미를 지닌 다의어의 경우에는 과다한 부담을 해소하기 위해서 일부 의미가 소실되거나, 경우에 따라서는 그 어휘 자체가 사라지는 경우도 있다. 예를 들면, 고대영어 ār는 "honor, dignity, glory, reverence, mercy, favor, benefit, prosperity, revenue" 등과 같이 서로 관련은 있지만 다른 의미를 지니는데, 이러한 기능 과다가 원인이 되어 폐어가 된 것으로 여겨진다(Menner). 만일 이것이 사실이라면 이것은 다의 충돌에 의한 어휘 소실이라고 보아야 할 것이다.

동음동철이의어나 다의어라는 용어상의 구별과 상관없이, 충돌 현상을 고찰하면 충돌 문제가 그저 '재미있는' 예에 그치는 것이 아니라 어휘의 의미변화 원리에 관한 중요한 논제라는 것을 알 수 있다.

영어뿐 아니라 다른 많은 언어에 동음동철이의어는 매우 많다. 또 시각을 달리 하면 동음동철이어의는 다의어이며, 사실 거의 대부분의 어휘가 다의어이므로, 역시 동음동철이의어는 언어에서 극히 비근한 현상이라고 해석할 수 있다. 이것이 영어특유의 문제는 아닌 것이다.

5.4 왜 단어의 의미가 옛날과 지금 다를까?
— 단어 의미변화의 일상성

5.4.1 의미변화의 일상성과 유형

언어에서 어휘의 **의미변화**(semantic change)는 빈번하게 일어난다. 아마도 문법의 변화나 음의 변화 이상으로 넘쳐나는 현상일 것이다. wife(아내)의 경우 옛날에는 '여성배우자' 뿐만 아니라 일반적으로 '여성'을 의미했었으며, butcher(정육점 주인)는 원래 '양을 도축하는 사람'을 의미했었다.

17세기 잉글랜드 왕인 제임스 2세는 대개축을 마친 성 폴 대성당을 보고, amusing, awful, and artificial이라는 형용사로 감탄을 표현했다고 한다. 왕이 의도했던 바는 '멋진 외관이며, 외경스러운 기술의 결집이다'라는 높은 평가였는데, 현대영어의 어감으로 보면 '우스꽝스럽고 너무 심하게 인위적(이고 무미건조)인'의 의미가 되어 오히려 경멸적으로 들린다는 것이 매우 재미있다. 세 단어가 모두 현대에 와서는 부정적인 의미로 변화하고 말았기 때문이다. 이러한 예를 보면 언어의 역사에서 어휘의 의미가 변화한다는 것을 알 수 있다.

의미변화가 이렇게 빈번하게 일어나는 것은 의미는 일상적인 커뮤니케이션과 직결되어 있기 때문이다. 또한 음운이나 형태 변화와는 달리, 의미변화의 최대 특징인 '여러 의미가 누적될 수 있다'는 데에도 원인이 있다. 음운이나 형태적으로는 구형과 신형이 공존할 수는 있지만 형식적으로 융합하는 경우는 없으며, 항상 명확히 구분된다. 물론 옛 의미가 새로운 의미로 자리바꿈하는 경우도 있지만, 보통은 여러 의미가 누적된다. 의미가 누적된 결과 공시적으로는 다의(polysemy)가 생긴다.

의미변화의 원인에 대해서는 오래 전부터 여러 가지 논의가 이루어졌는데, 여기서는 다음과 같은 분류를 제시하겠다.

(1) **역사적 원인**: 과학, 기술, 제도, 풍속 등의 역사적 변화에 기인하는 것. 예를 들면, ship은 고대영어 이래로 물 위에서 이용되는 탈 것을 의미했는데, 옛날의 원시적인 배와 현대의 최신식 배와는 확실히 지시 대상이 달라졌다. 이런 경우 직접적인 의미변화라기보다는 지시대상의 변화에 따른 간접적인 의미변화라고 보는 것이 적절할 것이다.

(2) **언어적 원인**: 음운, 형태, 통사 등 언어체계상의 여러 원인에서 유래하는 것. 예를 들면, 5.3절에서 본 것과 같은 light '가벼운' '옅은'의 두 의미를 연관 짓게 된 것은 원래 구별되어 있던 두 어휘가 음운변화로 인하여 동화되었기 때문이다. 또(bride) groom '신랑'은 중세영어에서 '남자 하인'을 의미했는데 중세영어 bridgome '신랑'과 형태적으로 유사하여 '신랑'의 의미를 지니게 되었다. 이 외에도 private soldier '병사'는 통사적 생략이 일어나 'private'으로 쓰이게 되었는데, 이 경우 private이라는 기존의 어휘는 '병사'라는 새로운 의미를 획득하게 된 것이다. 이와 같은 예에서는 음운변화, 형태적 유사성, 통사적 생략이라고

하는 언어적 현상이 발생함으로써 의미변화가 일어났다.

(3) **사회적 원인**: 특정 화자 집단에서만 사용되는 전문용어나 은어 등의 어의가 일반 화자 집단에게 널리 퍼져나가는 '사회적 차용'과 연관되는 것. 다음 항에서 설명할 것이지만, 원래 '동물'을 의미했던 deer는 왕족이나 귀족이 말할 때에는 특히 '사슴'을 의미했는데, 나중에 이 의미가 일반 사람들에게 널리 퍼졌다. 또 holiday는 본래 '성스러운 날'이라는 뜻으로서 종교적인 함의를가지고 쓰였는데, 나중에 세속화되어 '휴일'의 의미로 널리 쓰이게 되었다. 이들 예는 어(의)의 사용역이나 사회적 유효범위가 이동한 경우이다.

(4) **심리적 원인**: 표현성을 높이기 위하여 비유나 환유 등과 같은 수사법을 사용할 때 발생하는 의미의 강조나 완곡화 등. 예를 들면, 어떤 강의어(强意語)가 오랫동안 사용되면서 강조의 의미가 사라지기 시작하면 그것을 보충하듯 기존의 다른 어휘가 강조의 의미를 함의하게 되어 새로운 강의어로 등장하게 된다. 결국 새로운 강의어가 차례차례 생겨나게 되고 어휘가 늘어난다(ex. awfully, badly, really, seriously, terribly). 또 cancer에 대한 완곡한 표현으로서 growth를 사용하게 될 경우, growth라는 어휘는 "cancer"라는 새로운 어의를 획득하게 되는 것이다.

이와 같이 분류해 놓고 보면 단순한 것 같지만, 실제 의미변화는 여러 원인이 복합적으로 작용하여 일어난다. 인과관계가 되는 여러 요소 중 한 요인만이라도 불명확하면 그 원인을 규명하기가 어려워진다. 따라서 개개 어휘의 의미변화에 대한 가설에는 항상 불명확성이 따르게 마련이다.

한편, 의미변화의 패턴도 다양한 양상을 보인다. 변화 전후의 의미가 서로 어떤 관계에 놓여있는가에 따라 일반화, 특수화, 악화, 양화 등 네 가지로 구별하는 것이 전형적인 방법이다. 각각의 예를 열거해 보겠다.

(1) **일반화**(generalization): 특수성을 나타내는 요소가 사라지는 변화.
- box: '회양목으로 만든 상자'로부터 '(아무 소재로나 만들어진)상자'로
- butcher: '고기를 얻기 위해 산양을 도살하는 사람'으로부터 '(산양에 국한되지 않고)고기를 잘라 파는 사람'으로
- carry: '탈 것으로 운송하다'로부터 '(꼭 탈 것을 이용하지 않아도)손에 쥐고 운반하다'로
- crisis: '병의 위기'로부터 '(일반적인)위기, 중대 국면'으로
- holiday: '성스러운 날'로부터 '휴일'로
- scent: '동물냄새의 흔적'으로부터 '냄새'로

(2) **특수화**(specialization): 집합 내의 특수한 개체를 나타내거나 한정적인 의미로 특화되는 변화
- acorn: '야생의 열매'로부터 '도토리'로
- adder: '뱀'으로부터 '살무사'로
- hound: '개'로부터 '사냥개'로
- meat: '음식물'로부터 '고기'로
- stool: '의자'로부터 '등받이 없는 의자'로

(3) **악화**(pejoration): 나쁘거나 부정적인 의미로 바뀌는 변화. 특수화를 겸하는 경우가 많다.

- admonish: '조언하다'로부터 '경고하다'로
- corpse: '몸'으로부터 '시체'로
- cunning: '박식한'으로부터 '교활한'으로
- poison: '마실 것'으로부터 '독약'으로
- villain: '시골 사람'으로부터 '악당'으로

(4) **양화**(amelioration): 좋거나 긍정적인 의미로 바뀌는 변화. 특수화를 겸하는 경우가 많다.

- boy: '애새끼'로부터 '소년'으로
- knight: '심부름하는 소년'으로부터 '기사'로
- nice: '어리석은'으로부터 '친절한'으로
- queen: '고귀한 여성'으로부터 '여왕'으로
- shrewd: '사악한'으로부터 '빈틈없는'으로

5.4.2 deer 주변의 체계적인 의미변화

영어의 의미변화에 대한 이야기를 다룰 때 자주 예로 드는 어휘 중 하나가 바로 deer이다. 현재 '사슴'을 의미하는 이 어휘는 고대영어나 중세영어에서는 보통 '(사람과 대비해서 말하는)동물'을 의미했었다. 고대영어에서도 '사슴'의 의미가 전혀 없었던 것은 아니지만, 이 어휘의 본래적 의미가 '동물'인 것을 다른 게르만어에서도 확인할 수 있다. 예를 들면 독일어의 동근어는 Tier인데 현재도 '동물'을 의미한다.

그런데 중세영어기에 들어서 '사슴'의 의미가 두드러지게 된 반면 '동물'의 의미는 서서히 사라져갔다. 일반 동물을 뜻했던 어휘가 어떤 특정 동물을 나타내는 어휘로 변화한 것인데, 이러한 의미변화는 앞에서 설명한 특수화에 해당된다. 이렇게 변하게 된 배경에는 왕족이나 귀족의 여흥이었던 사슴 사냥의 습관이 있었다. 그들에게 있어서 친근하게 접촉할 수 있는 사냥의 대상이 바로 사슴이었기 때문에 그들이 말하는 deer는 서민이 말하는 deer보다도 그 지시 대상이 한정되어 있었을 것이다. 이와 같이 원래는 화자층에 따라 어휘의 지시범위가 서로 달랐는데, 나중에 화자층의 경계를 넘어 좁은 범위의 것이 널리 퍼지게 된 것이다.

deer에서 의미의 특수화가 일어나게 된 또 다른 배경으로서 중세영어에서 프랑스어와의 언어접촉이 있었다는 점을 들 수 있다. 1200년경 「여자수도원생의 계율」(Ancrene Riwle)이라는 작품에서 프랑스어에서 차용된 beast '동물'이라는 어휘가 처음으로 사용되었는데, 그 이후 중세영어기에는 '동물'이라는 의미로는 이 beast가 더 우세해졌다. deer는 '동물'의 의미를 beast에게 양보하고 '사슴'의 의미로 특화함으로써 지금껏 살아남게 되었다.

또한 근대영어기에 들어와서 animal이라는 또 다른 어휘가 프랑스어에서 유입되었는데 이를 '동물'이라는 의미로 처음 사용한 사람은 세익스피어였다. 이에 따라 그 동안 활약했던 beast는 '동물'의 의미를 잃게 되고 이 역시 특수화되어 '짐승, 하등동물'의 의미로 한정되었다.

프랑스어와의 언어접촉에 따른 충격과 그것을 계기로 한 연쇄작용(push chain)에 의해 어휘의 의미가 변천한 것인데, 중요한 점은 deer나

beast가 폐어가 되지 않고 의미를 특화함으로써 끈질기게 살아남았다는 것이다. 이러한 끈질긴 생존력으로 인하여 여러 유사어들이 축적되었고 영어 어휘의 의미 세계가 풍성하게 성장해 왔다.

그런데 deer 본래의 의미인 '동물'은 언제쯤 사라진 것일까? OED에서 조사해보면, 1481년 윌리엄 캑스턴(c1422-91)의 「여우 이야기」가 그 마지막 예이다. 그러나 이 예를 제외하면 마지막 예는 1340년경으로 되어 있고, 그 사이에 꽤 단절되었던 것으로 보인다.

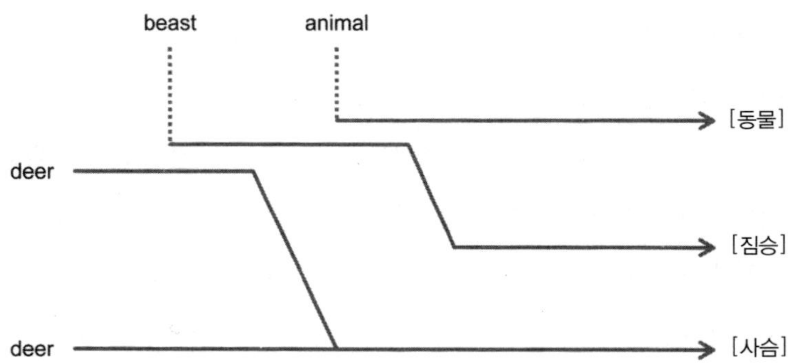

Bradley는 캑스턴 이전 사용 예들의 단절을 중시해서, 사실상 '동물'의 의미는 캑스턴보다 훨씬 더 이전에 사라진 것이 아닐까 추정하고 있다. 흥미로운 것은 캑스턴의 예외적 사용은 그가 브루쥬에 오래 체류하는 동안 그곳에서 사용된 프라만어 대응어에 익숙해져 있었기 때문인 것으로 추측된다. 확실히 캑스턴은 양모 무역 요지인 브루쥬에서 30년 가까이 살았으며 상인들 간에 주축이 되는 인물로 활약했기 때문에 이러한 추측은 설득력이 있다. 만일 이것이 사실이라면 캑스턴은 이 단어의 의미를 연명시키는 의사 역할을 한 셈이다.

5.4.3 의미차용

앞 항에서 한 어휘가 보이는 체계적인 의미변화를 살펴 보았는데, 이번에는 언어접촉이라는 측면에서 나타나는 의미변화에 대하여 고찰해 보겠다. 다른 언어의 대응어로부터 의미만을 차용하는 **의미차용**(semantic borrowing)이라는 현상이다.

영어사에서 의미차용의 전형적인 예 중 하나로 dream이 있다. 고대영어 drēam은 'joy, music'(기쁨, 음악)의 뜻으로 사용되었는데, 이와 대응하는 고대 노르드어 draumr가 'vision'(꿈)을 의미했었기 때문에 그 영향으로 중세영어에서는 '꿈'의 의미를 지니게 되었다. 그 외에도 잘 알려진 예로 bloom이 있다. 고대영어 blōma는 'ingot of iron'(철괴)을 의미했는데 고대 노르드어 blóm 'flower, blossom'(꽃)의 영향으로 중세영어에서 '꽃'이라는 새로운 의미를 지니게 되었다(단, 이 경우에는 또 다른 학설이 있다). 또는 dwell에 해당하는 고대영어 단어 dwellan, dwelian은 'to lead astray'(길을 잃게 하다)의 의미로 사용되었는데, 고대 노르드어 dvelja(우물쭈물하다; 멈추다)로부터 '살다'라는 발전적 의미를 차용했다고 한다.

고대 노르드어로부터 의미차용한 예를 몇 개 들었는데, 라틴어로부터 차용된 예로서 라틴어 rēs가 '집회; 일, 것'을 의미하는 데에 기인하여 본래 '집회'만을 의미했던 고대영어 þing이 '일, 것'의 의미도 함께 지니게 되었다고 한다. 마찬가지로 고대영어 Dryhten 'lord'에 '신'의 의미가 추가된 것도 이와 대응하는 라틴어 dominus의 영향 때문일 것이다. 고대영어 본래어 중 기독교 용어에는 그와 대응하는 라틴어 영향으로 새로운 의미를 지니게 된 것이 많다(ex. wītega 'prophet', þroþung 'suffering', getimbran 'edify', cniht 'pupil'). 이 외에도 '새로운 것'의 의미로 프랑스어에서 영어에 유입된 novel이 그 이후에 스페인어 및 이태리어 대응어로부터 '이야기; 소설'의 의미를 흡수한 예 등이 있다. 또한 영어가 의미를 빌려 준 예도 있다. 프랑스어 réaliser(확실히 이해하다)와 introduire(소개하다)의 의미는 각각 영어 대응어로부터의 차용이다.

한편 의미차용은 가끔 **번역차용**(loan translation)과 혼동되는 경우가 있는데, 이 둘은 서로 다른 과정이다. 번역차용이란, 예컨대 독일어 Übermensch를 superman이라고 영역하거나, 라틴어 via lactea를 Milky Way라고 영역하여 새로운 어휘로 도입하는 것이다. 번역차용은 새로운 어휘항목(사전에 독립된 항목의 표제어로 표시되는 새로운 어휘)을 만들어내는 데 반해, 의미차용은 기존의 어휘항목에 새로운 의미가 추가되거나 또는 새로운 의미가 옛 의미를 밀어내거나 할 뿐 새로운 어휘항목을 만들어내지는 않는다. 단, 이 둘 모두 차용하는 원래 언어의 형태는 반영하지 않는다는 점에서 공통점이 있다.

단어의 의미변화는 단발적으로 일어나는 경우도 있지만 본 절에서 살펴 본 바와 같이 어떤 어휘가 쓰이는 시대적 배경과 어우러져 체계적으로 생기는 경우도 있고 다른 언어와의 접촉을 통해 일어나는 경우도 있다. 그 메커니즘은 실로 복잡하기 짝이 없어 풀어내기 어려울 때도 많은데, 현실에서는 매우 빈번하게 일어나고 있는 현상이다. 보통 의식하지 않으면 알아차리기 어렵지만 의미변화는 매우 흔한 언어변화인 것이다.

5.5 영어의 신어는 어떻게 하여 만들어질까?
— 혼성어의 유행

5.5.1 현대 신어 만드는 법

신어는 어느 시대에나 도입되어 왔다. 현대도 예외는 아니며, 갈수록 더 많은 신어가 생겨나고 있다. 본 절에서는 Baur의 연구를 참조하면서 어휘론적인 입장에서 현대영어의 신어에 대하여 고찰하고자 한다.

새로운 어휘가 만들어지는 경우에 그 방법은 크게 **차용**(borrowing)과 **어형성**(word formation)으로 나뉜다. 차용은 차용원언어에 따라 몇 종류로 하위 구분되며, 어형성도 주로 형태론적 관점에서 몇 종류로 하위 구분된다. 그러나 여기에서는 너무 자세히 구분하면 큰 흐름을 파악하기 어렵기 때문에, 차용은 차용원언어를 구분하지 않고 어형성은 크게 (1)차용,(2)복합,(3)파생,(4)단축,(5)기타 어형성 등

각종 신어 도입법의 비율 추이

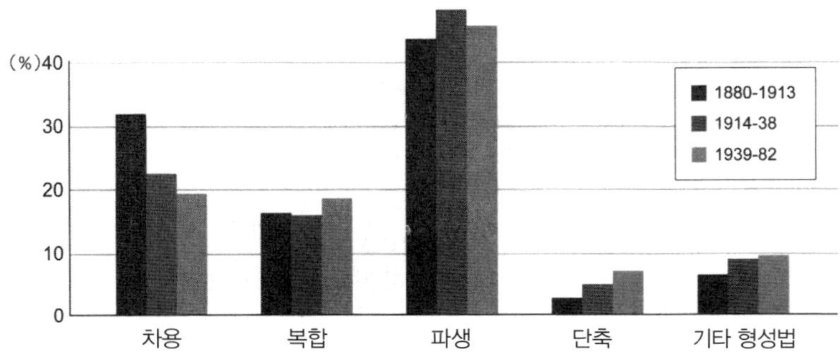

총 다섯 가지로 구분하겠다. Baur를 참조하여 만든 위 그래프에서는 구분마다 3기로 나누어 백분율로 표시하여 한 눈에 변화를 알아 볼 수 있도록 하였다. 예를 들면, 검은 색 기둥 5개의 수치를 합하면 100%가 되는 식이다.

전체적으로 보면, 조사 대상으로 정한 100년간의 통시적 변화에는 매우 유의미한 차이가 있었다. 그 중에서도 차용의 감소가 무엇보다도 현저한 변화였다. 한편 각 시기마다 합해서 6할 정도를 나타내는 복합과 파생의 두 주요 범주는 시기에 따라 그리 크게 변화하지 않는다. 또한 전체적인 비율로 보면 적은 비율이기는 하지만 단축이나 기타 어형성이 서서히 증가하고 있는 점도 놓치지 말아야겠다. 다음 항에서는 '차용', '복합과 파생', 그리고 단축의 두 가지 방법인 '혼성'과 '두자어', 이렇게 네 방법을 통한 현대영어의 신어도입 경향을 간단히 살펴보겠다.

5.5.2 차용

현대영어의 신어 도입에서는 복합이나 파생이 주된 방법이며 차용의 비율은 상대적으로 낮은 편이다. 최근 1세기 정도의 추이를 보아도 차용의 비율은 전체적으로 감소하고 있다. 그러나 상대적으로 감소하고 있다고는 해도 어휘 차용은 현대에도 계속되고 있으며 차용원언어도 여전히 다양하다.

Algeo는 Cannon의 조사에 근거하여 20세기 후반에 들어온 차용어에 대하여 차용원언어별 비율을 제시하고 있다. 구체적으로는 대략

1963-88년에 영어에 유입된 차용어를 기록한 4개 사전을 조사 대상으로 하여 차용원언어별로 차용어 수를 세어 각각의 비율을 계산하였다. 조사 대상은 1428 어휘로 비교적 작은 어휘 집단이지만, 그것에 근거하여 다음과 같은 결과를 얻었다.

차용원언어 비율(1963-1988)

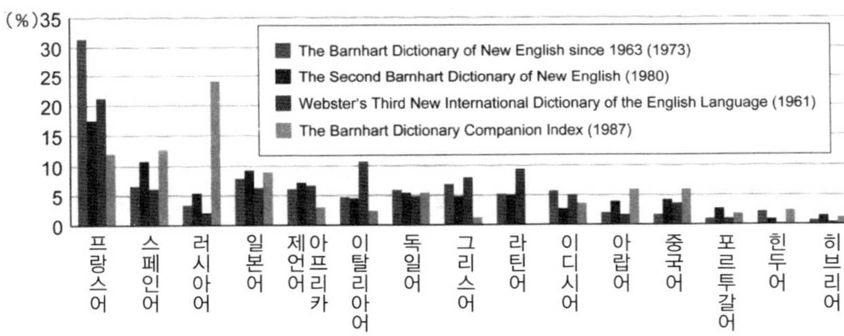

모든 사전에서 공통적으로 프랑스어, 그리스어, 라틴어, 독일어 등이 상위를 차지하고 있음을 볼 수 있다. 스페인어나 이태리어 등 로맨스어계 언어들도 꽤 많은 부분을 차지하고 있고, 그 중에서도 비인구어로서 가장 높은 비율을 보이는 것이 일본어이다. 아프리카 제어, 아랍어, 중국어 등도 일정수를 보인다. 영어 어휘의 국제성이 과거에 비하면 낮아졌다고는 하나 현대에 와서도 여전히 건재함을 알 수 있다.

5.5.3 복합과 파생

Carstairs-McCarthy에 따르면, 20세기 후반에 두드러진 어형성 방법 두 가지가 있다. 하나는 라틴어나 그리스어에서 유래하는 접두사에 의한 파생, 또 다른 하나는 주요부가 없는 복합어(headless compound) 형성이다.

19세기 이래로 super-, sub- 등 라틴어에서 유래한 접두사나 hyper-, macro-, micro-, mega- 등 그리스어에서 유래한 접두사를 붙인 파생어가 많이 만들어졌다. superstar, super-rich, supercooling 등의 예가 있는데, 그 이전에 같은 접두사에 의해 만들어진 파생어 supercede, superimpose 등과는 달리 본래어에 추가되는 것이 특징이다. 이러한 유행은 앞으로도 지속될 것으로 보이며, 특히 giga-, nano- 등의 접두사가 붙은 파생어가 증가할 가능성이 있다.

주요부가 없는 복합어란, pickpocket(소매치기), sell-out(품절) 등과 같이 복합어 전체를 대표하는 주요부(head)가 없는 복합어 부류를 지칭한다. 예를 들면, windmill은 mill의 일종을 나타내므로 주요부 mill을 지니는 복합어인데 반해, pickpocket은 pocket의 일종도 아니고 pick의 일종도 아니므로 주요부가 없는 복합어라고 할 수 있다. sell-out, write-off, call-up, take-over, breakdown 등 '동사+부사' 유형은 보통 대응하는 동사가 존재하는데, 그렇지 않은 유형도 있다. 예컨대, -in을 갖는 복합어가 1960년대에 다소 유행했는데 sit-in, talk-in, love-in, think-in 등이 그것이다.

이런 유행은 근대영어기 이후 어형성의 일반적 경향으로부터 어떤

식으로든 확대·일탈하는 특징을 지닌다. 그 이전에는 라틴어나 그리스어 접두사가 같은 어원인 어휘에 부가되고, 그 파생어는 주로 전문용어에 국한되어 있었으며, 복합어도 대응하는 동사가 존재하는 것이 통례였다. 각 어형성의 경향에도 굴곡이 있는 듯 하다.

5.5.4 혼성

단축은 다양한 유형으로 하위 구분된다. 단어의 한 부분 또는 여러 부분을 삭제하는 경우(ex. ad, Liza, Beth), 두자어(ex. TV, AIDS), 두 단어를 한 단어로 혼합하는 혼성어(ex. motel, Oxbridge) 등이 있다. 여기에서는 혼성어에 대하여 고찰해 보기로 한다.

혼성어(blend)는 **혼성**(blending)이라는 어형성 방법에 의해 만들어지는 어휘이다. 아주 유명한 혼성어 중 한 예가 brunch이다. breakfast + lunch를 줄여서 만든 것으로서 두 단어를 하나의 단어로 압축하였다. 여러 개를 한 가방에 밀어 넣은 것 같은 이미지 때문에 **가방어**(portmanteau word)라고도 불린다. portmanteau word라는 표현은 루이스 캐롤의 「이상한 나라의 앨리스」(1872) 제6장에서 앨리스와 햄프티 댐프티가 주고받는 대화에서 유래한다. 앨리스는 거울나라의 이상한 시 JABBERWOCKY의 처음 1절을 햄프티 댐프티에게 보이는데 이에 대해 햄프티 댐프티가 한 단어 한 단어 해설해 준다. 이 때 처음 나타나는 slithy라는 단어에 대하여 다음과 같이 말하고 있다.

'Well, "slithy" means "lithe and slimy." "Lithe" is the same as "active." You see it's like a portmanteau — there are two meanings packed up into one word.'

그러면 혼성이라는 어형성은 영어사에서 어떤 역할을 해 온 것일까? 그 통시적 경위를 설명하고 구체적인 예를 들어 보겠다.

중세영어기 이전에는 혼성어의 예가 거의 없다. 쵸서의 nifle(nihil + trifle)'trifle'이 예로 소개되는 경우가 있는데, 이는 프랑스어로부터의 차용이라는 설도 있어 확실치 않다. 근대영어 이후에는 조금씩 혼성어가 나타나기 시작하였으며, 두 어휘의 의미를 합성하는 본래의 기능에 덧붙여, 골개, 야유, 조소 등의 효과를 노린 것들도 나타난다. foolosopher(fool + philosopher), balloonacy(balloon + lunacy)등이 그 예이다. 루이스 캐롤(1832-98)은 앞서 예로 든 slithy 외에도 mimsy(miserable + flimsy), chortle(chuckle + snort)이나 galumph(gallop + triumph)등의 예를 보여 주었는데, 과연 혼성어의 어머니라고 할 수 있겠다.

그러나 진정한 의미에서 혼성어의 생산성이 폭발한 것은 20세기에 들어서이다. 정치, 문화, 과학 등 사회의 다양한 측면에서 정보량이 폭발적으로 증가함에 따라 새로운 어휘에 대한 수요가 증가하였다. 적은 음절수에 많은 정보를 채우는 정보의 **과밀화**(densification) 조류에 부합하는 어형성 방법이 혼성이었던 것이다.

이런 과정을 거쳐 현대영어에서는 유난히 많은 혼성어가 존재하게 되었다. 너무 많아서 셀 수도 없지만, 혼성어의 높은 생산성과 넓은 활용성을 보이기 위해 무작위로 예를 들어보겠다.

혼성어	제1요소	제2요소
avionics	aviation	electronics
brunch	breakfast	lunch
docudrama	documentary	drama
Ebonics	Ebony	phonics
edutainment	education	entertainment
electret	electricity	magnet
electrocute	electro	execute
Eurovision	Euro-	television
Franglais	Francais	Anglais
infomercial	information	commercial
liger	lion	tiger
motel	motor	hotel
Oxbridge	Oxford	Cambridge
Paralympics	parallel	Olympics
podcast	pod	broadcast
Singlish	Singapore	English
smog	smoke	fog
telethon	telephone	marathon

혼성어는 많은 경우에 한 요소의 앞부분과 다른 한 요소의 뒷부분을 조합하는 구조인데, docudrama나 podcast와 같이 한 요소는 축약되지 않고 어간 전체가 활용되는 것도 있고, electrocute의 electro-나 Eurovision의 Euro-처럼 **연결형**(combining form)으로 정착된 요소가 사용되는 것도 있다. 최신 예로는 2016년에 화제가 되었던 Brexit(Britain + exit)가 있다. 혼성이 현대영어에서 가장 우세한 어형성 방법임은 의심할 여지가 없는 듯하다.

5.5.5 두자어

둘 이상의 단어의 어두 문자를 조합하여 그것을 한 단어인 것처럼 발음하는 **두자어**를 acronym이라고 부르는데 이 단어는 American Dialect Society에 의해 20세기 "Word of the Century"로 노미네이트되었을 정도이며, 현대영어를 대표하는 어형성법이라고 할 수 있다. 영어에서 20세기 두자어 발전사를 주로 미국 사회사와 결부하여 해설한 Baum에 의하면, 알파벳문자를 따로따로 발음하는 **두문자 약어**(initialism)로부터 전체를 한 단어처럼 발음하는 두자어로의 변화의 흐름은 일찍이 제1차 세계대전 시기에 관찰되었다고 한다. AWOL(=absent without official leave; 초출 1920년대), DORA(=Defense of the Realm Act; 1917년), ANZAC(=Australian and New Zealand Army Corps; 1915년) 등이 등장하였는데, 그 당시에는 아직 산발적이었다.

1930년대 F. D. Roosebelt 대통령의 뉴딜정책을 수행하기 위해 무수히 많은 부서가 만들어졌는데 그 부서의 명칭으로 NIRA(=National Industrial Recovery Act; 1933년)나 TVA(=Tennessee Valley Authority; 1933년) 등의 두자어와 두문자 약어가 많이 사용되었고, 특히 보도 영어에서 많이 쓰였기 때문에 미국영어에서는 이와 같은 조어법이 쉽게 정착하게 되었다.

제2차 세계대전 시기에는 군사 부서가 무수히 많이 생겨, 그에 따른 약어가 많이 만들어졌다. 이 시기에는 두문자 약어보다는 두자어를 선호하는 경향이 보이는데, 예를 들면 EIDEBOEWABEW(=Economic Intelligence Division of the Enemy Branch of the Office of Economic Warfare

Analysis of the Board of Economic Warfare; 1943년), MEW(=Ministry of Economic Warfare), WAVE(S)(=Women's Appointed Volunteer Emergency Service; 1942년) 등이다. 마지막에 든 예는 해군에서 '파도'의 의미와 맞물려 매우 적합한 단어가 된 점이 재미있다. 의미와의 적합성을 의도적으로 만들어 내려는 두자어는 전전부터 전후에 이르기까지 출현하는데 예를 들면 Basic English(=British American Scientific International Commercial English; 1932년), CARE(=Cooperative for American Remittances to Europe; 1945년) 등이다.

이와 같이 두자어는 정치 분야에서 전매특허인 것처럼 보이나, 두자어가 활약하는 또 하나의 분야가 인공두뇌연구(또는 컴퓨터 사이언스)분야이며, 그 예로는 ENIAC(=electronic numerical integrator and computer; 1945년)이나 Audrey(=automatic digital recognition; 1976년) 등이 있다. 그 외에도 현대에는 무수히 많은 연구 프로젝트 이름에서 두자어가 쓰이고 있다.

현대영어에서 보이는 현저한 경향 중의 하나가 정보의 과밀화이다. 그에 부응하여 계속 증대하는 정보를 되도록이면 컴펙트하게 효율적으로 언어화하려는 욕구가 커진다. 그러한 욕구가 구체적으로 나타난 것이 brunch, podcast 등의 혼성어나 AIDS, NATO 등의 두자어이다. 이러한 단축에 의한 어형성은 다른 어형성법과 비교하면 그 비율로 보아서는 그렇게 두드러진 방법은 아니다. 그러나 20세기의 통시적 세력의 흐름을 고려하면 이는 현대영어의 큰 특징이라 할 수 있으며, 이 경향은 21세기에 들어서도 지속되고 있다. 차용원언어를 살펴보면 영어문화가 세계 어느 지역과 깊이 교류해 왔는가를 알 수 있는 것과 같이, 단축어의 증가는 현대라는 정보 과밀화 시대를 상징하는 현상이라고 생각할 수 있다. 어형성법의 유행을 관찰하면 시대를 읽을 수가 있다.

제6장

방언과 사회에 관한 소박한 의문

Dialects & Society

6.1 왜 미국영어에서는 r을 혀 꼬부라진 소리로 발음할까?
— r 발음과 이민사

6.1.1 영국에서의 r

r의 발음, 특히 four, park 등과 같이 모음이 뒤따르지 않는 환경에서 r 발음(non-prevocalic r)은 미국영어와 영국영어를 구분하는 전형적인 지표로 널리 알려져 있다. 미국에서는 소위 말하는 '혀 꼬부라진 r'이 발음되는데(실제로는 그렇게 혀를 많이 꼬부리는 것은 아니라고 한다) 영국에서는 무음이 된다. 이 전형적인 구분이 확실히 틀린 얘기는 아니지만, 사실은 반드시 정확한 것만은 아니다. 본 절에서는 역사적인 관점에서 영미 영어의 r 문제에 대하여 논하고자 한다.

영국영어에서는 전형적으로 arm이나 far 등 모음이 뒤따르지 않는 경우의 r은 발음하지 않으며 non-rhotic이라고 하여 특별히 취급한다(rhotic이란 이 r을 명확히 발음하는 특성을 나타내는 형용사). 그러나 이는 영국영어 전반에 다 해당되는 것은 아니다. 스코트랜드와 아일랜드에서는 r이 널리 발음되며, 실은 잉글랜드에서도 rhotic 한 지역이 면적으로 보아서는 더 넓다. 아래에 보이는 것은 arm이라는 단어의 r에 대하여 전통적인 방언 분포를 표시한 영국 지도이다(Trudgill의 지도를 바탕으로 작성).

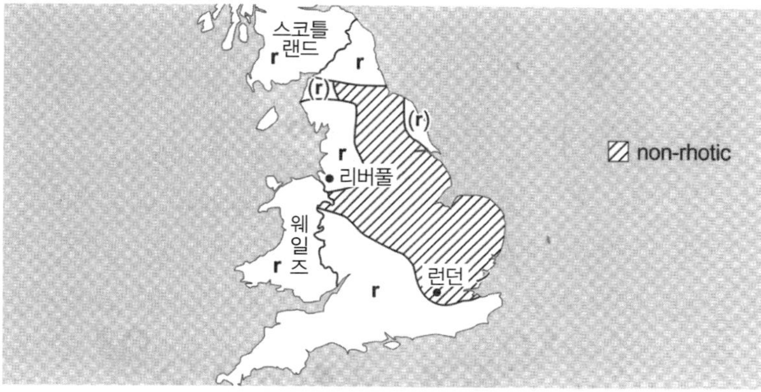

런던을 중심으로 그 동부나 북부를 향해서는 non-rhotic 한 지역이 펼쳐져 있는데 반해, 남서부 지역이나 스코트랜드에 가까운 북부 주변에는 rhotic 한 발음이 사용된다. 지도상에서 (r) 로 표시된 소구역은 단어마다 rhotic 이냐 non-rhotic 이냐가 달라지는 지역이다.

원래는 잉글랜드에서도 모든 지역에서 r 이 발음되었었다. 철자에 <r> 이 남아있는 것을 보아도 그 사실은 명백하다. 그런데 250년 정도 전에 런던 부근에서 시작된 혁신이 북부와 동부로 퍼져나가 각 지역 방언의 어휘로 확대되어갔다. 이러한 전파는 최북부나 서부의 보수적 방언에 부딪쳤을 때에야 비로서 그 전파가 멈추었고 그것이 현재 분포에 이르고 있다. 주변 지역에 r 이 남아 있다는 사실, 그리고 어휘에 따라 r 발음의 유무가 다른 지역이 있다는 사실은 그 전파가 지리적으로나 어휘적으로 한꺼번에 일어난 것이 아니라 서서히 침투해 들어간 것임을 보여준다. 언어 혁신은 지리적 파장에 따라 전파된다는 이론을 증명하는 좋은 예라 할 수 있다.

런던 방언이나 표준 영국영어가 non-rhotic 이므로 '영국영어 = 잉글랜드 영어 = non-rhotic'과 같은 공식을 믿기 쉬운데, 이는 부정확하다는 것을 알 수 있다. 오히려 전통적 방언 분포의 면적을 보면 영국영어 또는 잉글랜드 영어는 rhotic에 속한다.

이 방언 지도를 해석하는 데 있어 세 가지 점을 부언하고자 한다. 첫째로는, 이 지도는 arm이나 cart 등 몇몇 어휘에 관한 방언 지도이며, 이것을 기준으로 non-prevocalic r 전체의 방언지도를 대표한다고 보아서는 안 된다는 점이다. 이 방언 지도가 대략적인 경향을 보여주고 있는 것은 확실하지만 소수 어휘의 방언 분포를 가지고 일반적인 방언 구분을 논할 수는 없다는 점을 강조하고 싶다.

둘째로는, 방언 지도는 어떤 언어 항목의 지리적인 변이 분포를 보이는 것을 목적으로 하고 있으며, 사회적인 변이는 보여주지 않는다는 점이다. 예를 들면, 이 지도를 보고 남서 잉글랜드 주민 전원(또는 적어도 대다수)이 arm의 r을 발음할 것이라고 생각할 수 있지만, 실제로 r의 유무는 지리적 요인 외에 각종 사회적 요인에 의해서도 좌우된다. 예컨대, 이 지역의 동부에서는 실제로 r을 발음하는 부류는 나이가 많은 사회적 하층민 화자들 뿐이다. 물론 이것은 방언 지도가 잘못되었다는 것이 아니라 방언 지도를 해석할 때의 주의사항인 것이다.

셋째로는, 이 방언 지도는 '전통방언'을 표시한 것이며 주로 농촌 지역의 변종을 표현하는 것이 목적이라는 점이다. 리버풀을 포함하는 대부분의 도시 지역에서는 r을 전혀 발음하지 않는데, 이 방언 지도에서는 그러한 사실이 반영되어 있지 않다.

앞에서 '영국영어 = 잉글랜드 영어 = non-rhotic'과 같은 공식이 얼마나 부정확한 것인지를 강조했는데 그것을 논하기 위한 수단으로 이용한 방언 지도 그 자체도 언어변화이론이나 사회언어학적인 시점을(방법론상의 필요 때문이기는 하지만)반영하지 않고 있다는 점에서 역시 부정확하다는 것을 부언하고 싶다.

6.1.2 미국에서의 r

이미 살펴본 바와 같이 전형적인 미국영어에서는 non-prevocalic r은 혀꼬부라진 소리로 발음된다. 그러나 잉글랜드의 경우와 마찬가지로 미국에서도 그 전형에서 일탈하는 방언이 존재한다. 와카타베(若田部)에 의하면 미국영어에서의 rhotic/non-rhotic 분포는 다음과 같다.

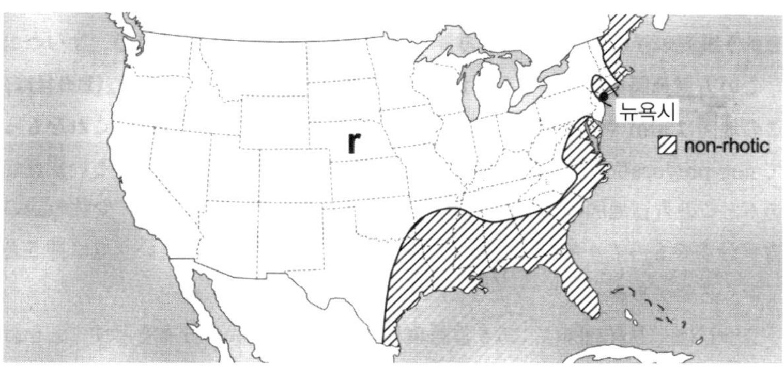

면적으로 보면, 잉글랜드의 non-rhotic 율이 의외로 낮았던 데 반해 미국의 non-thotic 율은 꽤 높다. 와카타베(若田部)가 참고로 한 문헌이 오래된 것임을 감안할 때, 미국영어 화자의 2/3 내지 3/4 정도가 rhotic이라는 보고도 있다. 그러나 뉴잉글랜드 동부, 뉴욕시, 남부에서 멕시코만 연안에 이르는 지역이 미국에서는 마이너한 non-rhotic 지역이라는 것을 알아두는 것이 영어사적으로는 중요하다. 즉, 이들 non-rhotic 지역은 이미 non-rhotic화했든가 또는 non-rhotic화하고 있던 잉글랜드 남부로부터의 이민자들이 중심이 되었던 지역이기 때문이다. 한편 미국의 광대한 rhotic 지역은 지금까지 일반 미국어(General American)라고 불려온 변종 구역과 거의 일치하며, 역사적으로는 rhotic 이었던 영국 북부 여러 지역으로부터의 이민자들에 의해 주로 개척된 지역이다. 영국에서의 r 분포와 이민의 역사를 아울러 생각하면, 미국에서의 r 분포는 쉽게 이해할 수 있다. 미국영어 역사의 권위자인 Kapp은 영미 r의 분포는 우연이 아니며 역사적인 계승에 근거하고 있다고 확신한다.

6.1.3 영국에서 미국으로 건너온 이민자들의 출신지

미국영어의 방언 형성 과정을 이해하는 데에는 17세기에 시작되는 영국으로부터의 초기 이민과 그 이후 미국 내에서의 이주의 역사가 크게 관여한다. 영국인에 의한 미국 식민 통치는 1607년 제임스타운 건설에서 시작되는데 여기에 관여한 사람들이 주로 잉글랜드 남부 출신자들이었다. 최초 이주민이었던 그들이 사용하던 영어 방언의 영향은 매우 커서 잉글랜드 남부 방언이 제임스타운에 정착하게 되었고 후에 미국 남부에 널리 퍼지는 계기가 되었다.

1920년에 프리머스에 도착한 필그림 파더스들도 잉글랜드 남부(및 동부) 출신자가 많았다. 그들은 먼저 이주한 사람들과 마찬가지로 대략 잉글랜드 남부 방언의 특징을 지니고 신대륙으로 건너왔으며 뉴잉글랜드를 중심으로 한 북동부 해안 지역에 그들 방언을 정착시켰다.

한편 1680년대부터는 잉글랜드 중부·북부나 웨일즈로부터 퀘이커 교도(Quakers)들이 대거 펜실베니아로 이주했다. 또한 펜실베니아 등의 중부에는 18세기 중엽에 스코틀랜드계 아일랜드인(Scots-Irish)들이 많이 유입하였고 나중에 서부 개척의 원동력이 되었다. 또 19세기 중엽에도 많은 아일랜드인들이 밀려 들어왔다. 중부 여러 주에 유입하여 서부로 퍼져나간 잉글랜드 남부 이외의 지역에서 건너온 이주민들은 소위 비표준적인 영국 방언을 신대륙으로 들여왔는데, 이 방언이 나중에 미국의 주요 방언인 중부방언(Midland dialect)의 기원이 되었다.

영국에서 건너온 이민자들의 출신지와 방언을 염두에 두고 지금까지 논의한 내용을 정리하면 다음과 같다. 표준적인 영국 남부방언을 사용했던 남부 출신자들은 그 표준 변종을 미국 뉴잉글랜드나 남부 여러 주에 전파하였다. 한편, 비표준적인 잉글랜드 중부·북부, 웨일즈, 스코틀랜드, 아일랜드 등의 방언을 가지고 이주한 이민자들은 그 비표준 변종을 미국 펜실베니아와 중부 여러 주, 그리고 서부에 널리 전파하였다. 대략적으로 도식화하면 다음 지도와 같다.

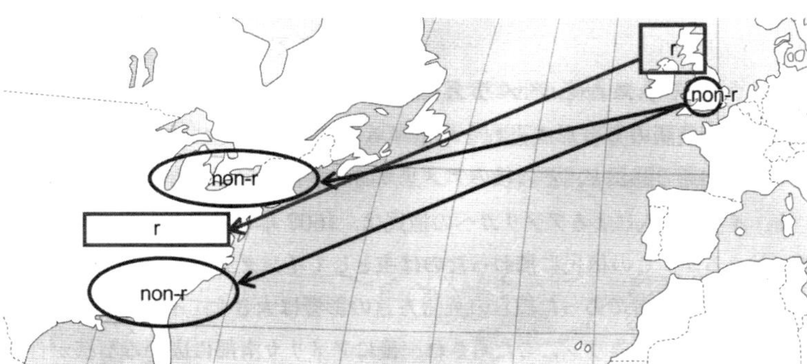

이와 같은 미국영어 형성기(1607-1790)에서의 초기 이민 효과는 앞에서 설명한 바와 같이 현대 미국영어의 non-prevocalic r의 분포에 잘 반영되어 있다. 지도에 보이는 바와 같이, 대략적으로 미국 중서부의 넓은 지역에서는 car, four 등의 어말 r이 발음된다. 즉, rhotic인 것이다. 이것은 현대 잉글랜드 주변 지역의 방언이 rhotic인 것과 대응한다. 반면에 미국 뉴잉글랜드와 남부 여러 주에서는 대개 non-rhotic이다. 이것은 뉴잉글랜드 중심부가 대개 non-rhotic인 것과 부합한다. 이 분포는 우연이 아니라 역사적인 연속성을 지닌 것이라 여겨진다.

일반적으로 이민지역의 방언 형성이나 분포를 논할 경우에 이민자들의 출신지와 그들이 사용했던 방언에 주목하는 것이 매우 중요하다. 이와 똑같은 설명이 현재 오스트레일리아, 뉴질랜드, 남아프리카, 카리브해 지역에서 사용되고 있는 영어변종에 대해서도 적용된다. 각각의 지역에서 영어가 독자적으로 변화하여 새로운 변종이 생긴 것인데, 오히려 그 근원이 되었던 영국 여러 방언의 비표준적인 특징이 전수되어 살아남게 되었다고 보는 것이 현상을 더 잘 설명할 수 있다. 그리고 영국내에서 비표준 변종이 표준 변종과 많이 다르듯이, 전세계로 퍼져나간 이들 영어가 현재 영국 표준변종과는 많이 다르게 자리잡게 되었다.

6.1.4 '대서양 중부 변종' r

본 절 마지막으로 '대서양 중부 변종 영어'(a Mid-Atlantic variety of English)에 대해서 논하고자 한다. 대서양 중부 변종이라고 해도 대서양한 복판의 작은 섬에서 사용되는 영어를 말하는 것은 아니고, 미국영어라고도 할 수 없고 영국영어라고도 할 수 없는 영미 중간적인 영어라는 의미로 장난스럽게 표현해 본 것이다. 유럽에서 쓰이는 영어 중 비모국어화자의 영어를 가리키는 표현이기도 한데, 그 특징은 발음에 잘 반영되어 있다. 예를 들면, 대서양 중부 변종에서는 어미 r이 미국영어만큼 rhotic도 아니고 영국영어만큼 non-rhotic도 아니며, [r]이 아주 약하게 발음된다고 한다. 마찬가지로 last나 past의 모음이 미국영어의 [æ]와 영국영어의 [ɑː] 사이를 왔다 갔다 하면서 발음된다고 한다.

대서양 중부 변종이 발생한 데에는 몇 가지 배경이 있다. 종래에 유럽에서는 영어를 학습하거나 사용할 경우에 미국영어든 영국영어든 어느 한 쪽을 선택하는 것이 보통이었다. 그러나 **링가 프랑카**(세계공통어)로서의 영어(English as a lingua franca)의 중요성이 부각되자, 어느 특정 변종을 절대시하는 경향이 줄어들었다. 이렇게 특정 변종에 집중하는 태도가 시대착오적이라는 의식이 생기면서 대서양 중부 변종과 같은 영어의 존재가 생겨나게 된 것은 자연스러운 현상일 것이다.

또, 정치적인 요인도 있다. EU 등 복수 공용어를 정해놓고 있는 국제기관에서는 실제로 영어가 공통어로서 가장 많이 쓰이는 것이 사실이나 그렇다고 이 때 영국영어 혹은 미국영어를 꼭 집어서 선택하게 되면 언어적으로 영국 또는 미국을 우대하는 셈이 되고, 나아가서 그것이 정치적으로도 영향을 줄 수도 있을 것이다. 이런 점을 고려하여 중간적인 변종이 생겨났다고 볼 수도 있다.

유럽인이 아니라도 영미변종 중 어느 쪽도 아닌 중간적인 발음이나 표현을 사용하거나 두 변종 사이를 왔다 갔다 하면서 발음하는 현상은 빈번하게 일어날 것이다. 나 자신도 미국영어를 중심으로 영어를 학습했지만, 종종 영미 혼합 형태인 대서양 중부 변종을 말하고 있는 자신을 발견하게 된다. 물론 글쓰기에서는 영미 변종 중 하나를 택하여 사용하는 것이 좋다는 생각이 강하게 자리잡고 있지만, 말하기에서는 꼭 어느 한 쪽을 택해서 말해야 한다는 법은 없다. 두 변종을 구별할 수 있다면 무척 좋은 일이겠지만 실제 사용에서 크게 신경 쓸 필요는 없을 것 같다. 영어 학습자로서 앞으로 대서양 중부 변종이 어떻게 발전해 나가는지 지켜보고 싶다.

6.2 미국영어는 영국영어보다 새로운 것일까?
— colonial lag의 허실

6.2.1 미국영어의 전형(stereotype)

영국영어와 미국영어의 차이에 대한 문제는 영어학습자에게는 무척 흥미로운 주제이다. 많은 학생들이 영국은 보수적이라는 선입견을 가지고 있기 때문에 영국영어도 보수적이고 역사적 변화를 적게 겪었을 것이라고 생각한다. 마찬가지로 미국은 혁신적이라는 전형(stereotype) 때문에 미국영어도 혁신적이고 풍부한 역사적 변화를 겪어왔을 것으로 생각하는 것 같다.

그러나 앞 절에서 논한 r 발음에서도 보았듯이 그런 생각이 반드시 맞는 것은 아니다. 실제로 미국영어(사)에 관한 입문서를 읽어 보면, 오히려 미국영어야말로 옛날 어법을 그대로 유지하고 있다는 설명이 자주 나온다. 매사추세츠 일부 지역에서는 성경(The King James Bible)에서 유래한 어법이 여전히 남아있고, 남 애팔래치아 지방에서는 엘리자베스 1세가 사용했던 영어가 아직도 쓰이는 등, 옛 것을 고수하는 어법이 눈에 띈다. 식민지 역사를 경험한 지역의 영어가 옛 형태를 많이 유지하고 있다는 보고가 많으며, 이것을 종종 "colonial lag"라고 부른다("colonial lag"란 식민지가 본국의 문화·습관을 본국 이상으로 잘 보존하는 경향을 말한다). 미국에서는 이 "colonial lag"의 개념이 잘 알려져 있으며, 그 결과 오히려 '미국영어는 보수적이다'라는 전형(stereotype)이 형성되어 있다.

이와 같이 미국인과 미국인이 아닌 사람들 사이에는 미국영어에 대한 인상이 서로 상반된다는 것을 알 수 있다. 미국인이 아닌 사람들은 미국영어가 혁신적인 변종이라고 생각하며, 반면에 미국인들은 자신들의 영어가 보수적인 변종이라고 생각한다. 그러나 그 어느 생각도 모두 편협된 것이다. 미국영어뿐 아니라 영국영어를 포함한 거의 모든 영어 변종에는 정도의 차이만 있을 뿐 혁신적 측면과 보수적 측면이 모두 존재한다. 본 절에서는 영어 변종을 균형있게 바라보는 방법을 논하고자 한다.

6.2.2 '미국영어 = 혁신적' 신화의 타파

일반적으로 미국영어는 혁신적이고 영국영어는 보수적이라고 생각하는 경향이 있다. 그러나 영어사의 무대는 그 태반이 영국이며, 미국영어가 탄생하게 되는 근대영어기까지 영어라는 언어는 오로지 영국에서만 수많은 언어변화를 겪어 왔다. 따라서 역사적으로 보면 영국영어가 보수적이라고 할 수 없다.

살아있는 언어이므로 미국영어든 영국영어든 어떤 의미에서는 모두 혁신적이며 또 어떤 의미에서는 모두 보수적이다. 다음으로 미국영어과 영국영어의 표준 변종에서 각각이 어떠한 옛 어법들을 유지하고 있는지 그 대표적인 것들을 열거해 보겠다.

[미국영어가 더 보수적인 경우]

1. more, mother 등에서 나타나는 non-prevocalic r. 앞 절에서 보았듯이, 표준 영국영어에서는 발음하지 않는 방향으로 변화하여 현재에 이르고 있다.
2. path, calf, class 등에서의 [æ]. 영국영어에서는 [ɑː]로 변화하여 현재에 이르고 있다.
3. secretary [sékrətèri] 등에서 끝에서 두 번째 음절에 강세가 있다. 영국영어에서는 보통 모음이 소실되어 [sékrətri]와 같이 3음절어로 발음된다.
4. 초서도 애용했던 I guess 라는 표현을 I think 라는 의미로 자주 사용한다. 영국영어에서는 guess 는 '짐작하여 맞히다'의 의미.
5. get 의 과거분사로 gotten 사용. 영국영어에서는 got 만 사용. 미국영어에서도 got 을 사용하기는 하나 gotten 과는 의미가 다르다. 예를 들면, I've got a cold = I have a cold 인데, I've gotten a cold = I've caught a cold.
6. They insisted that he leave. 등의 가정법 사용. 영국영어에서는 should 를 사용하는 것이 보통이다(4.2.3을 참조).

[영국영어가 더 보수적인 경우]

1. atom 과 Adam 등에서 모음 사이의 [t]와 [d]를 명확히 구분한다. 미국영어에서는 설탄음(flap)으로 바뀌어 두 단어가 똑같이 발음된다.

2. callous와 Alice의 운율이 같지 않다(즉, 마지막 음절의 발음이 서로 다르다). 미국영어에서는 마지막 음절의 모음이 모두 애매모음 [ə]로 융합하므로 운율이 맞게 된다.
3. father [fάːðə]와 fodder [fɔ́də]에서 강세음절의 모음이 서로 다르다. 미국영어에서는 [ɑː]로 융합.
4. I reckon을 "I think"의 의미로 사용한다. 미국영어에서는 reckon은 보통 '계산하다, 견적을 내다'의 의미.
5. fortnight '2주간', corn '곡물' 등의 사용과 의미. 미국영어에서는 보통 전자는 사용하지 않으며, 후자는 '옥수수'의 의미로 한정.
6. Have you the time? 등 일반동사 have를 조동사처럼 사용하는 문법(단, 이는 영국영어에서도 고풍스러운 표현이다). 미국영어에서는 항상 Do you have the time?

6.2.3 '미국영어 = 보수적' 신화의 타파

역으로, 전형적인 미국인이 생각하듯이, 미국영어(적어도 어떤 변종에 대해서는)는 보수적이라는 주장도 역시 타파해야 할 신화이다. 미국에서 흔히 회자되는 신화 중 하나로, '미국 남부 산중에서 사용되는 엘리자베스 왕조 영어'가 있다. 과연 신화답게도 문제가 된 남부 산지가 구체적으로 어디를 가리키는 것인지 명확하지 않으므로 검증하기 어렵지만, 그 후보지로서 애팔래치아 산중 어딘가를 지칭하는 듯 싶다.

그러면 그 지역의 영어 변종을 왜 엘리자베스 왕조 영어라고 하는 것일까? 이에 대하여 종종 인용되는 것이 동사의 강변화 활용형(ex.

clum(=climbed), drug(=dragged), fotch(=fetched), holp(=helped)), -st로 끝나는 단음절 명사의 복수어미 -es(ex. postes, beastes, nestes, ghostes) 등인데, 이는 다른 영미 비표준 변종에서도 보이는 특징이며, 애팔래치아 산중 특유의 것이 아니다. 따라서 이러한 전형(stereotype)은 언어학적으로 근거가 없어 보인다.

이러한 신화가 태어난 배경에는 옛 잉글랜드에 대한 로망과 정치적 의도가 숨어 있는 것 같다. 그런데 식민지의 이주민 자손이 품었던 고향에 대한 그리움은 이해할 수 있다 쳐도, 후자인 정치적 의도란 무엇일까? Montgomery에 의하면 남부 산간지역에 사는 사람들에게 붙여졌던 '가난하고 교양 없는 촌사람'이라는 수식어를 불식하고자 그들이 말하는 영어가 '고풍스럽고 훌륭한 영어'라는 신화가 창출된 것이라고 한다. 이 신화에 의해 '옛날 좋은 시절의 소박한' 변종으로 재탄생하게 된 것이다. 사회언어학적 가치의 훌륭한 역전극이라 할 수 있다. 부정적 가치가 긍적적 가치로 역전되었으므로 이 자체가 나쁘다고는 할 수 없다. 그러나 정치적인 의도에 의해 역전되었다는 것은 같은 의도에 의해서 긍정에서 부정으로 또 다시 역전될 수도 있다는 것을 시사하므로 언어에서의 신화라는 것이 얼마나 무섭고 강렬한 것인지 알 수 있다.

'미국영어=보수적'이라는 신화에 대해 논하고 있는 또 다른 학자로 Görlach가 있다. Görlach는 '미국영어야말로 실로 유서깊은 올바른 영어를 보존하고 있다'라는 주장은 하나의 이데올로기이며 언어학적으로는 지지할 수 없는 주장이라고 생각한다. '미국영어는 영어를 망치고 있다'라는 미국영어에 대한 항간의 비판적 평가는 현재와 마찬가지로 20세기 전반에도 존재했다. 이것을 불식하기 위해서는 미국영어가 영국영어에서 사라진 옛 어법을 아직도 보존하고 있다는 것을 선전하는 것이 무엇보다도 효과적이다. "colonial lag" 긍정론은 이와 같은 배경에서 널리 받아들여졌을 것이라고 Görlach는 분석한다.

6.2.4 영미 차이에 대한 유형론과 균형 잡힌 시각

미국영어가 혁신적·보수적인 양면을 겸비하고 있다는 사실은 그다지 놀랄만한 결론은 아니다. 영국영어나 미국영어나 정도의 차이는 있지만 혁신적·보수적인 양면을 다 지니고 있다. 어느 시대나 전 시대로부터 물려받은 언어항목이 있는가 하면 새로 만들어지는 언어항목도 있다. 혁신의 타이밍이나 종류가 서로 다를 뿐이다.

여기서 영국영어와 미국영어 두 변종을 통시적으로 비교하여 그 언어적 차이에 따른 유형론을 만들어 보겠다.

(1) 양 변종에서 같았던 것이 여전히 계속 같은 경우
(2) 양 변종에서의 차이가 그대로 차이로 유지되는 경우
(3) 양 변종에서 같았던 것이 비슷한 변화를 겪은 후에 다시 같아지는 경우
(4) 영국영어의 미국영어화
(5) 미국영어의 영국영어화
(6) 영국영어에서만 혁신이 일어난 경우
(7) 미국영어에서만 혁신이 일어난 경우

(8) 서로 차이나던 양 변종이 각각 변화를 일으켜 새로운 차이로 발전하는 경우

(1)은 가장 많은 경우이며 관찰자의 관심을 끌지 못하는 평범한 유형으로서 전 시대나 현대나 양 변종이 서로 일치하는 언어항목이다. (2)는 확고부동한 영미영어의 차이, 예를 들면 <honour> vs. <honor>의 철자상의 차이나 got vs. gotten의 용법 등이 여기에 해당된다. (3)에 대한 명확한 예는 떠오르지 않는다. (4)는 미국영어화(Americanization)하는 사례, 예컨대 영국영어에서 help가 원형부정사를 취하게 되는 경향이 여기에 해당한다(단, 영국영어에서의 이러한 경향이 전적으로 미국영어의 영향이라고 할 수는 없다). (5)는 매우 드물지만 영국영어화(Britishization)의 예이다. 예를 들면 미국영어에서 준조동사 표현 have got to가 널리 퍼지게 된 것은 영국영어의 영향을 받았을 가능성이 크다. (6)은 영국영어에서 prevent가 O + from + V-ing가 아니라 O + V-ing의 형태를 취하게 된 경향을 그 예로 들 수 있다. (7)은 미국영어에서 begin이 to 부정사가 아니라 V-ing를 취하는 빈도가 더 높아지고 있는 예를 들 수 있다. (8)은 전 시대에서도 영미 차이를 보이던 것이 서로 각각 변화를 겪은 후에 또 다른 종류의 차이를 보이게 되는 예이다.

이론적으로는 변화의 속도도 고려해야 한다. 예를 들면 (3)과 같이 양 변종이 같은 방향으로 통시적 변화를 일으키는 경우라도 두 변종 사이에 변화의 속도가 다르면 그 결과가 달라질 것이다. 위의 유형론에 속도라는 관점을 도입하면 유형들이 더 세분화될 필요가 있다. 이

러한 복잡한 과제가 남아있기는 해도 2변종 2시점을 비교하기 위한 이론의 원형으로서 위에 열거한 유형론은 유용하리라 여겨진다.

(1)-(8) 중 어떤 유형이 많은가 적은가를 조사함으로써 미국영어나 영국영어의 보수성 또는 혁신성을 어느 정도는 측정할 수 있게 되겠지만, 이는 어디까지나 정도의 문제이다. 현시점에서는 미국영어는 영국영어에 대해 어느 부분에서는 보수적이고 다른 어느 부분에서는 혁신적이라고 이해하는 것이 타당할 것이다.

6.2.5 언어의 보수성이란 무엇인가?

언어에서의 보수(conservative)와 혁신(innovative)에 대해서 이야기했는데, 보다 더 근본적인 문제로서 언어의 보수성이란 도대체 무엇일까? 이 문제를 풀기 위해 garage의 영미 발음 차이를 살펴보자. 「롱맨 발음사전」에 의하면 이 단어의 강세는 미국영어에서는 모두 제2음절([gərá:ʒ])에, 영국영어에서는 94%가 제1음절([gǽra:(d)ʒ])에 놓인다.

이 분포에 대해서 어느 쪽이 더 보수적이고 어느 쪽이 더 혁신적이라고 할 수 있을까? 한 가지 견해(아마도 통상적인 견해인데)에 따르면, 이 단어는 프랑스어 garer 'shelter'에 뿌리를 둔 파생어이며, 프랑스어에서 늘 그렇듯이 기본적으로 제2음절에 강세가 있을 것으로 여겨지는데, 그 위치를 유지하고 있는 미국영어 발음이야말로 보수적이라고 할 수 있을지도 모른다(cf. Romance Stress Rule). 그러나 또 다른 한편으로는 강세가 제1음절에 오는 것은 발음이 영어화(게르만어화)했다는 증거이므로, 영국영어 발음이야말로 전통적 강세위치의 경향을 보여주는 것이며 따라서 더 보수적이라고 할 수도 있다(cf. Germanic Stress Rule).

또 다른 견해에 따르면 보다 일반적으로는 언어적 규범을 준수하는 경향이 강한 경우에 보수적이라고 표현하기도 한다. 미국영어에서는 상대적으로 규범을 준수하는 경향이 강하다고 하는데, 그런 의미에서는 보수적이라고 할 수 있다. 아무리 규범의 내용이나 생겨난 방식 자체가 역사적으로는 새로운 것이라 할지라도 말이다.

위에서 언급한 세 종류의 보수성은 각각 어떤 의미에서는 '보수적'이지만 서로의 견해가 어긋나 있다. 이러한 견해들의 모순을 해결하는 열쇠는 '기준점'을 정하는 방법에 있다. '보수'를 '종래의 풍습·전통을 중시하여 그것을 보존하려는 것'이라고 이해하는 경우, 기준점인 '종래의 풍습·전통'이 무엇을 지칭하는가를 명확히 하지 않으면 보수성 그 자체가 지시하는 내용이 애매해진다. 기준점이란 어느 시점에서 규범으로 지켜지는, 혹은 적어도 널리 행해지는 어법을 의미하며, 그 어법이 그 전 단계의 어법을 이어받은 것인지 그 시점에서 변화한 것인지는 상관이 없다.

기준점을 프랑스어 발음에 둔다면 garage의 제2음절에 강세를 두는 미국영어 발음은 보수적이라고 할 수 있으나, 기준점을 게르만어 강세규칙에 둔다면 제1음절에 강세를 두는 영국영어 발음이 보수적이다. 또 언어 규범은 그 성립과정이 어떻든 간에 어느 정도 정착하면 기준점으로 기능할 수 있으므로 이후 그것을 준수하는 풍조가 지속되면 그것을 모두 보수적이라고 할 수 있다. 즉, 기준점을 어디에 두는가에 따라 보수가 의미하는 내용이 크게 달라지는 것이다. 그러나 기준점을 어디에 두어야 타당한가를 판단하는 객관적인 지표는 없다.

이와 같이 보수(그리고 그 반의어인 혁신)란 상대적인 용어에 불과하다. 언어에서 보수성을 논하는 경우에는 적어도 무엇을 기준점으로 삼을 것인가를 명시하지 않으면 무의미하다. 이렇게 볼 때 미국영어는 영국영어보다 혁신적(또는 보수적)이라는 주장은 여러 가지 문제를 내포하고 있음을 알 수 있다.

6.3 왜 흑인영어는 표준영어와 다른가?
— 영어변종과 편견

6.3.1 AAVE의 기원

AAVE(African American Vernacular English)란 미국영어의 한 변종으로 흑인영어(Black English)를 지칭한다. Black 보다 African-American이라는 호칭이 더 적합한 것은 피부색보다도 역사적인 기원에 초점을 맞추는 것이 더 적절하기 때문이다. Vernacular English(일상영어)라는 호칭이 적합한 것도 표준영어(Standard English)에 대해서 비표준영어(non-Standard English or substandard English)라고 부르면 우열관계를 함의하고 있기 때문이다. 언어학적으로는 AAVE라는 명칭으로 불린다.

AAVE는 언어학적으로는 표준영어와 다른 점이 많아서 그 큰 차이와 그 화자집단에 대한 사회적인 편견 때문에 표준영어보다 열등한 변종이라고 여겨지는 경우가 있으며, 지나치게 비문법적이고 비천한 반사회적인 변종이라는 부정적 이미지를 지닌다. 본 절에서는 AAVE의 언어학적인 특징을 살펴보고, 그것이 영어변종 중 하나 이상도 이하도 아닌, 그저 보통 있을 수 있는 변종임을 명확히 하고자 한다.

AAVE에는 문법항목에 있어서도 표준영어에서 볼 수 없는 특징들이 많다. 전체적으로는(주로 백인들이 사용하는) 미국 남부 방언이나 카리브해 연안의 영어를 기본으로 하는 크리올 제어와 비슷한 특징을 지닌다(**크리올어**(creole)란 두 언어가 접촉해서 생기는 혼교언어로서, 그것이 모국어로 사용되는 것을 지칭한다). 한편, 영국의 여러 방언에 그 기원을 두고 있다고 보는 것이 타당한 문법항목도 있다. 이러한 이유로 AAVE의 문법적 특징과 그 기원에 대하여 두 가지 학설이 대립하고 있다. 현재 미국영어 변종에 관한 논쟁으로서는 최대 주목을 받고 있는 것들 중의 하나라고 할 수 있다.

첫 번째 가설은 **크리올 가설**(creolist hypothesis)이다. AAVE의 기원은 영어와 서아프리카 제언어가 혼교한 결과로 생긴 크리올어, 또는 거기에서 파생된 영어변종이라는 설이다. 이것이 나중에 표준영어와 접촉하면서 서서히 표준영어에 가까워졌다. 즉, 탈크리올화한 것이다. 이 학설에 의하면 미국 남부 방언이 AAVE와 비슷한 것은 후자가 전자에 영향을 주었기 때문이라고 한다. AAVE의 특징적 문법항목 중에는 voodoo(부두교), pinto(관), goober(땅콩) 등 서아프리카 제어에서 유래한 것이 많아 이 가설에 힘을 실어주고 있다.

두 번째 가설은 **영어가설**(Anglicist hypothesis)이다. AAVE 특징의 기원은 영국으로부터 퍼진 여러 영어변종에 있다고 보는 학설이다. AAVE는 다른 영어변종과 마찬가지로 원래는 영국영어의 여러 변종이 퍼져서 생긴 것으로 300년 역사 속에서 독자적 언어변화를 겪어 왔다고 한다. AAVE가 다른 변종에 비해서 강한 독자성을 지니고 있는 것은 그 화자인 흑인과 다른 변종 화자 사이의 접촉이 비교적 적었기 때문이다. 실제로 노예제도 폐지 이후에 남부 흑인이 북부로 이주했을 경우에 북부 도시에서는 흑인과 백인이 사용하는 언어 차이가 두드러지게 나타나자 그것을 인종이나 민족과 연관된 영어변종으로 생각하게 되었다.

6.3.2 AAVE의 특징

이와 같이 두 가설은 첨예하게 대립하고 있는데, AAVE의 주된 문법적 특징 7가지에 대해서 두 가설의 타당성을 살펴 보겠다.

(1) 3인칭 단수 현재 -s의 결여 AAVE 화자의 대부분은 he go, it come, she like 등 -s가 없는 형태를 사용한다(자세한 것은 6.3.4 참조). 영어를 기본으로 하는 피진어나 크리올어에서도 같은 현상을 볼 수 있다는 점에서는 크리올 가설이 유리하지만, 한편 잉글랜드의 이스트 앵글리아 방언에서도 같은 특징을 볼 수 있다는 점에서는 영어가설이 더 맞는 것 같기도 하다.

(2) 현재형 연결사(copula) be의 결여 She real nice. They out there. He not American. If you good, you going to heaven. 등. 연결사 생략은 많은 언어에서 볼 수 있는데, 특히 카리브해의 크리올어가 그 전형적인 언어라는 점에서 크리올 가설이 유리하다. 영국의 여러 방언에서는 전혀 볼 수 없는 특징이므로 이 점에서는 영어 가설이 불리하다.

(3) 불변의 be 표준변종에서처럼 is, am, are 등으로 인칭변화하지 않고 항상 be를 사용한다. He usually be around. Sometime she be fighting. Sometime when they do it, most of the problems always be wrong. She be nice and happy. They sometimes be in-

complete. 등. (2)에서 말한 연결사 be의 결여와 모순된 것처럼 보이나 be가 사용되는 것은 습관상(habitual aspect)을 나타낼 때이며, 비습관상을 나타내는 be 결여와 대립한다. 불변의 be 자체는 다른 영어변종에서도 볼 수 있으나 그것이 습관상을 나타내는 것은 AAVE만의 특이한 점이다. He busy right now.와 Sometimes he be busy.는 상(aspect)에 있어서 문법적으로 서로 대립하며, 이 대립을 표준영어에서 표현한다면 He's busy right now.와 Sometimes he's busy. 처럼 부사(구)를 사용할 수밖에 없다. 크리올어에서는 시제(tense)보다도 상(aspect)을 문법범주로 더 우선시하는 경우가 많기 때문에 불변의 be는 크리올 가설을 유리하게 해 주는 요소이다. 상에 있어서 AAVE 에서는 표준영어적인 상 I have talked. I had talked. 외에 먼 과거를 나타내는 I been talked.와 같은 상도 있다.

(4) 등위절의 두 번째 절 구조에서 조동사만을 생략할 수 있는 경향 표준영어에서는 We were eating — and drinking too.와 같이 두 번째 절에서는 we are를 통째로 생략할 수 있는 것이 보통인데, AAVE 에서는 많은 크리올어에서와 마찬가지로 are 만을 생략하고 We was eatin' — an' we drinkin', too.라고 하는 것이 보통이다.

(5) 간접의문문에서 주어와 동사의 도치 I asked Mary where did she go.나 I want to know did he come last night. 등.

(6) 존재문에서 there가 아닌 it을 사용한다 It's a boy in my class name Joey.나 It ain't no heaven for you to go to. 등.

(7) 부정조동사의 전치 평서문으로서 평서문의 억양으로 Doesn't nobody know that it's a God. Can't nobody do nothing about it. Wasn't nothing wrong with that. 등.

1980년대까지 학계에서는 크리올 가설이 우세했었다. 그러나 새로운 사실들이 밝혀지면서 모든 것이 크리올 가설로 해결되는 것은 아니라는 것이 명백해졌다. 예를 들면, 초기 AAVE 화자가 미국에서 다른 나라로 이주한 경우에, 그 집단의 후손이 현재 사용하고 있는 변종이 초기 AAVE의 특징을 여전히 많이 지니고 있을 것으로 예상하나, 사실은 불변의 be 등 결정적인 AAVE의 특징이 사라졌다. 이것은 문제의 AAVE 적인 특징이 AAVE 초기 때부터 있던 것이 아니라 새로 습득한 것이 아닐까 라는 새로운 학설을 만들어내고 있다.

또 AAVE 에는 do를 'otherwise'의 의미로 사용하는 매우 특수한 용법이 있는데, 잉글랜드의 이스트 앵글리아 방언에도 똑같은 어법이 있으며 이것에 기원을 두고 있지 않나 하는 생각도 하게 한다. AAVE의 Dat's a thing dat's got to be handled just so, do it'll kill you. 와 이스트 앵글리아 방언의 You lot must have moved it, do I wouldn't have fell in.을 비교하기 바란다.

현 단계에서 생각할 수 있는 결론은 크리올 가설과 영어가설은 전면적으로 대립하는 가설이 아니라 두 가설을 조합하여 이해해야 한다는 것이다. 각각의 가설에 의해서만 합리적으로 설명되는 특징도 있고, 두 가지 가설로 모두 설명되는 특징들도 있기 때문이다. 또 실제로는 어떤 설명으로도 해결할 수 없는 그런 특징도 있을지 모른다. 단순한 이자택일을 할 경우에 오히려 더 문제가 될 수 있다.

6.3.3 흑인영어는 앞으로 더 달라질까? — 흑인영어의 합류가설과 분기가설

만일 변종간의 언어적 차이가 그 화자집단의 사회적 차이와 대응한다고 볼 수 있다면 미국에서 주로 흑인들이 사용하는 AAVE와 주로 백인들이 사용하는 표준변종에 가까운 변종과의 언어적 차이는 미국 흑인사회와 백인사회의 차이를 나타낸다고 볼 수 있다. 차이라는 것이 시각에 따라서는 괴리라고도 할 수 있는데, 그 크고 작음은 사회적, 정치적, 이데올로기적인 함의를 지닌다.

크리올 가설은 원래 표준변종에서 크게 괴리되었던 크리올어가 **탈크리올화**(decrelization) 과정을 통해서 표준변종에 가까워졌다고 가정하고 있다. 즉, 양 변종(그리고 함의로는 양 변종의 화자 집단)의 역사가 합류(convergence)하는 방향으로 흘러가고 있음을 보이고 있다는 해석이다. 한편, 영어가설은 영국의 여러 방언이 미국으로 건너와 흑인변종과 백인변종이라는 커다란 두 흐름으로 나뉘어져, 현재에 이르기까지 그 분기 상태가 유지되고 있다는, 다시 말해서 양 변종(그리고 함의로는 양 변종의 화자 집단)의 역사가 분기(divergence)의 방향을 보이고 있다는 해석이다.

그러면 지금 현재 미국에서 언어적으로 어느 방향으로의 조류가 관찰될까? 현재 나타나고 있는 현상을 객관적으로 판단하는 것은 매우 어렵지만, 흑인변종과 백인변종은 분기하는 방향으로 가고 있다는 분기가설이 주목받고 있다. 구체적 사례를 들면, 필라델피아 등지에서는 백인변종에서는 이중모음 [aɪ] → [əɪ] 변화가 진행 중인데, 같은 도시의 흑인변종에서는 이러한 현상이 발생하지 않는다. 한편, AAVE에서는 미래결과상을 나타내는 be done 구문(ex. I'll be done killed that motherfucker if he tries to lay a hand on my kid again.)이 독자적으로 발달했는데, 백인변종에서는 이것이 전혀 반영되지 않고 있다.

사피어-워프 가설(4.1.2 참조)로 다시 되돌아가게 되는데, 언어와 사회가 어느 정도 관계하고 있는가를 판단하기가 일반적으로 쉽지 않다는 것을 생각하면 이와 같은 언어문제를 즉시 사회문제화하려는 경향은 진중하게 다루어져야 할 것이다. 특히 미국에서는 이러한 논의가 정치문제, 사회문제, 이데올로기 문제 등으로 발전하기 쉽다. 따라서 객관적인 언어학적 관점에서 두 변종의 언어 변화 조류를 주시하는 태도가 필요하다.

6.3.4 AAVE 3인칭 단수 현재 -s

AAVE에서는 직설법 동사 3인칭 단수 현재형에 -s 어미가 붙기도 하고, 한편으로는 6.3.2(1)에서 언급했듯이 안 붙기도 한다. 따라서 얼핏 보면 어떤 인칭이나 수에서도 -s가 붙기도 하고 안 붙기도 하므로 랜덤인 듯 보인다. 이에 대해 기술적(descriptive) 연구는 물론이고 사회언어학적 관점에서도 많이 연구되고 있는 것 같은데, 그럼에도 불구하고 -s 어미의 출현을 예상하는 것은 매우 어렵다. AAVE라는 변종 자체가 획일적이지 않고 지역이나 도시에 따라서 다르고 또 개인차도 크다는 데에 문제가 있다.

AAVE에서 현재형 -s의 문제는 표준영어와는 다른 사용 분포를 보인다는 점에서 이 변종이 지니는 커다란 특징 중의 하나로 주목되어 왔다. 역사적 관점에서는 이 -s 사용의 기원이 최대 관심사인데, 이는 AAVE의 기원이 어디에 있는가 하는 근본적인 문제와 직결된다. 현재형 -s도 어쩔 수 없이 AAVE 기원에 대한 논쟁과 얽히지 않을 수 없는 것이다. 크리올 가설론자는 AAVE의 직설법 현재 동사의 기저형은 크리올화에서 비롯된 무어미이지만, 표준영어 규범의 압력에 의해 -s가 종종 필요 이상으로 나타나게 되었다는 **과잉수정**(hypercorrection)설을 주장한다. 한편, 영어가설론자는 영국에서 유래한 -s를 지닌 변종을 흑인들이 습득한 것이라고 여긴다. 그렇다고 이것이 반드시 현대의 과잉수정의 가능성을 부정하는 것은 아니며, 다만 전단계에서 크리올화가 일어나지 않았다고 가정하는 학설이다.

따라서 -s가 나타나는가 안 나타나는가에 대한 경향을 기술하는 것은 그리 단순한 일이 아니다. 탈락하는가 탈락하지 않는가에 대한 변수는 여러 가지가 있으며 각각의 효과도 서로 다르다. Schneider는 몇몇 선행연구를 참조하여 3인칭 단수 현재 어미 -s의 탈락 비율을 제시한다. 할렘(뉴욕)의 청년 집단을 대상으로 조사한 결과는 42-100%(평균 63%), 디트로이트 하류 노동자 계층을 대상으로 한 조사에서는 71.4%, 5세 아동을 대상으로 한 경우에는 72.5%, 오클랜드 하류계급 여성을 조사한 결과는 57.7%, 워싱턴 D.C. 어린이를 대상으로 한 경우에는 84%, 워싱턴 D.C. 하류계급을 대상으로 한 경우에는 65.3%, 하류계급 설교사 조사에서는 17-78%, 메릴랜드 학생들을 조사한 결과는 83.3% 등이다. -s 탈락이 빈번하게 일어나고 있는 것은 확실한데, 반면에 대략적으로 말하면 세 번에 한 번은 -s가 나타난다는 뜻이기도 해서 탈락이 규칙적으로 일어난다고 할 수는 없다.

AAVE의(3인칭 단수 현재에서 뿐만 아니라) 동사 현재형 -s에 관한 종래 연구에서는 다양한(사회) 언어학적인 패러미터가 제기되어왔다. 표준영어에서 보이는 수·인칭의 조건은 원래 be 동사 is가 복수 주어에 대해서 사용되는 현상과의 관련성, 표준영어 규범 준수 정도, 방언 간 접촉에 의한 **방언혼효**(dialect mixture)의 가능성, 영국 여러 방언의 역사적 영향 등이다.

여러 가지 패러미터 중에서 Bailey et al.이 주목한 것은 주어가 대명사인가 명사인가의 구분이다. 선행연구에서는 AAVE 에서뿐만 아니라 남부 백인 변종이나 영국 변종에서도 이 기준이 작용하고 있는 점, 즉 현재형에서 명사구 주어가 대명사 주어보다도 -s를 더 선호하여 선택한다는 점을 지적한다. 이것은 중세영어나 근대영어 일부에서 보였던 북부 인칭대명사 규칙(Northern Personal Pronoun Rule)이라 불리는 것과 그 효과가 비슷하다. 따라서 이 규칙이 현대의 AAVE 여러 변종에서 어떠한 모습으로든 그 명맥을 이어가고 있을 가능성이 있을지도 모른다.

현대 표준영어에는 동사 어미 -s가 직설법·3인칭·단수·현재일 경우에 부가된다는 하나의 규칙이 있다. 그리고 AAVE도 역시 어떤 종류의 규칙이 있다. 후자 쪽이 압도적으로 복잡하게 얽혀 있어서, 몇몇 복잡한 언어적·사회적 조건이 충족되었을 경우에 -s가 ○○% 확률로 나타난다고 밖에는(적어도 현재로서는) 기술할 수 없다고 하는 차이가 있을 뿐이다. AAVE도 하나의 언어변종일뿐이며, 표준영어에 비해서 언어적으로 열등하거나 불합리한 것이 아니다. 어디까지나 '사회적으로' 부정적 이미지를 갖게 된 것 뿐이다. 역으로 말하면, 표준변종도 15세기 이후 역사에서 우연히 표준어로 채용된 하나의 변종일 뿐 특별히 다른 변종에 비해 언어적으로 더 우수한 것은 아니다. 언어학적으로는 이 모두가 평범한 영어의 한 변종일 뿐이다. 그리고 그런 점에서는 현재 존재하는 무수한 ○○영어 각각에 대해서도 같은 이야기를 할 수 있다. 각 언어나 변종에는 사회적으로 우열을 나타내는 이미지가 있을 수는 있지만 언어적으로 우열은 존재하지 않는다. 이 점은 영어가 세계어로 자리잡은 현 시점에서 매우 중요한 인식이다.

6.4 왜 선박·국명을 she로 받을까?
— 영어에서의 젠더 문제(1)

6.4.1 현대영어의 예

현대영어에서는 선박 등 탈 것이나 국명을 지칭하는 대명사로서 she가 사용된다. 특히 선박이나 자동차 등 탈 것을 나타내는 she는 남성들이 많이 사용한다. 이것은 탈 것을 애정의 대상으로 생각하기 때문일 것이다. 사전에서 인용한 예문을 살펴보자.

- Look at my sports car. Isn't *she* a beauty?
- What a lovely ship! What is *she* called?
- Hundreds of small boats clustered round the yacht as *she* sailed into Southampton docks.
- There were over two thousand people aboard the Titanic when *she* left England.

한편, 국명을 지칭하는 she는 나라를 정치·문화·경제적인 관점에서 이해하는 경우에 사용된다(단, 국가를 지리적으로 보는 경우에는 it이 사용된다).

- Iraq has made it plain that *she* will reject the proposal by the United Nations.
- France increased *her* exports by 10 per cent.

- Britain needs new leadership if *she* is to help shape Europe's future.
- After India became independent, *she* chose to be a member of the Commonwealth.

구어 표현, 적어도 오스트레일리아 영어의 구어 표현에서는 일반적으로 의인화하지 않아도 it 대신에 she가 사용되는 경우가 있다. 그럴 경우에 애정이나 혐오 등의 감정이 더 이입된다.

- Remember that battle? Yeah, *she* was a doozie.
- *She*'s an absolute bastard, this truck.

사전에는 이와 같은 예문이 있지만, 현재 이것들은 모두 고풍스러운 용법이 되었다는 것에 주의할 필요가 있다. 중요한 몇몇 학습자용 영영사전을 살펴 보면 이 용법에 대해 전혀 언급이 없는 것도 있고, 언급이 된다 할지라도 "old-fashioned", "mainly literary", "somewhat old-fashioned" 등의 꼬리표가 붙어있는 것이 많음을 볼 때, 전체적으로 이 용법의 사용역이 한정되어가고 있음을 알 수 있다.

6.4.2 역사적 배경

고대영어에서는 문법적 성(grammatical gender)이 있었는데 중세영어에 걸쳐서 문법적 성이 없어지고 지시 대상의 생물학적 성을 반영하는 **자연적 성**(natural gender)으로 바뀌었다. 이런 언어변화는 영어사의 기본적 사실이다(1.4절 참조). 이렇게 말하면 고대영어에서 문법범주로 존재했던 문법적 성과 선박 등 탈 것이나 국명을 지칭하는 대명사로서 she를 사용하는 현대영어의 관습 사이에 무엇인가 관계가 있을지도 모른다는 의구심이 생긴다.

그러나 결론부터 말하면 선박이나 국명을 she로 나타내는 관습은 고대영어의 문법적 성 규칙과는 전혀 관계가 없다. 원래 고대영어에서 '배'(scip)는 중성명사이지 여성명사가 아니었다. OED에 의하면 배를 지칭하는 대명사 she의 최초 예는 1375년이다. 14-15세기의 여러 예들에 대해서는 문법적 성을 지닌 프랑스어 번역 때문이라는 해석도 있는데, 기본적으로는 관습적인 **의인법**(personification)이라고 보아야 할 것이다.

선박 등의 탈 것이나 도구 외에도 영혼, 도시명, 교회, 국명, 군대, 달이나 그 외의 천체 등도 she로 받았던 역사가 있는데, 이 경우 모두 고대영어의 문법적 성의 잔재라고 보기는 어렵다. 그러나 관습적인 의인화라면 언제부터 어떻게 해서 관습화되었는지가 문제가 된다. 서양문학 전통의 일환으로 중세영문학에서도 인간이 아닌 것을 우의적으로 의인화하는 수사법이 사용되었다. 앞에서 말했듯이 프랑스어 관습이나 문법적 성을 그대로 영어로 번역한 것이라고 해석해야 하는 예도 있지만, 성별 여부가 영어와 프랑스어 사이에서 역전된 예도 있어서 관습의 모방이라고만 일반화할 수는 없다. 또 같은 명사라도 작품에 따라서 의인화의 성별 여부가 달라지는 등, 관습이라고는 해도 꽤 유동성이 있었던 것 같다. 중세영어의 의인화와 관련된 she의 용법에 대해서는 어학적 접근보다는 문학적 접근이 더 필요할지도 모르겠다.

국가가 왜 역사적으로 여성으로 취급되어 왔는지에 대해서는 몇 가지 고려해야 할 점들이 있다. 첫째는 앞서 말했듯이 국가란 전통적으로 위정자인 남성들에게 있어서 지배해야 하는 것, 사랑해야 하는 대상이라는 인식이 있지 않았을까 하고 상상해 본다. 선박이나 기타 탈 것이 여성대명사로 표현되는 것과 같은 발상일 것이다. 또 한 가지는 호소에(細江)가 '국민을 여성으로 표현하는 것은 명백히 라틴어 문법을 모방한 것이다'라고 지적했듯이, 라틴어에서 Italia, Græcia, Britannia, Germania, Hispania 등이 여성명사어미 -ia로 끝난 것의 영향일 수도 있다. 문법적 성을 지니는 유럽의 기타 언어가 국명을 어떤 성으로 받아들였는가는 각양각색이므로 반드시 일반화할 수는 없으나, 문법적 성이 사라져버린 영어에서 의인화하여 여성으로 표현하는 경향이 생긴 것은 라틴어의 영향이 컸다고 볼 수 있다.

라틴어 어미 -ia는 그리스어의 같은 어미에서 유래했으며, 그리스어에서는 -os 형용사를 추상명사로 만들 때 많이 사용되었다. OED에 의하면 Australia, Tasmania, Rhodesia 등과 같은 국명·지명 외에도 hydrophobia, mania, hysteria 등과 같은 병명, Cryptogamia, Dahlia 등의 식물명, ammonia, morphia 등 염기성 물질명 조어에도 활용되었다. 고대영어에서 이 어미는 여성단수와 중성복수를 동시에 나타냈기 때문에, 증후군, 식물의 속, 염기물, 국민 집합체로서의 국민 등, 집합물을 추상화하여 명명할 때 아주 좋은 어미였을 것이다. 또한 라틴어에서는 -ia 뿐 아니라 -a도 여성어미였는데, 이것에 의한 국명이나 지명도 많이 만들어졌다(ex. Africa, Asia, Corsica, Malta).

6.4.3 20세기에서의 감소

앞서 말했듯이 현대영어에서는 선박·국명을 나타내는 she 용법이 '고풍스러운' 것이 되거나, 혹은 적어도 그 사용역이 점점 좁아지고 있다. 그 원인에 대하여 생각해 보자. 그 배경에는 아마도 1960년대 이후 미국영어에서 활발히 논의된 언어의 젠더론, 남녀평등 관점에서의 '정치적 공정' "political correctness"(PC)에 대한 관심이 있다. 이 관점에서 인간을 총칭하는 man(kind), 여성접미사 -ess, 직업인을 나타내는 복합어요소 -man, 일반 인칭대명사로서의 he 사용(다음 절 참조)등에 대한 거부감이 생겼으며, 이에 대하여 많은 대체 표현이 제안되어 왔다.

이러한 흐름 속에서 she의 특수용법을 보면, 배나 국명을 특별히 여성대명사로 받을 이유는 없다는 논의가 있다. 뱃사람이나 나라의 위정자들이 주로 남성들이었다는 영어권 역사를 반영하고 있는 것은 확실하지만, 현재에 이르러서까지 종래의 관습을 이어받아야 한다는 것은 불합리하다는 생각인 것이다.

특히 국명을 나타내는 she 용법은 문어체 사용역에만 국한할 때 1960년대 이후 격감하고 있음이 실증되었다. 「타임즈」지 코퍼스를 기반으로 이를 검증한 Baur에 따르면, 1930년까지는 나라를 지칭하는 she 용법은 표준적이었다. 실제로 1900년부터 1930년 사이에 국가를 지칭하는 it의 용례는 셋 뿐이었다고 한다. 그런데 1935년 이후 it의 예가 지속적으로 늘어나, 1970년에는 she를 압도하고 순식간에 표준이 되었다. she의 용례가 감소한 과정은 역 S자 곡선을 보이고 있다.

국명을 여성대명사로 나타내는 비율(「타임즈」 지 코퍼스)

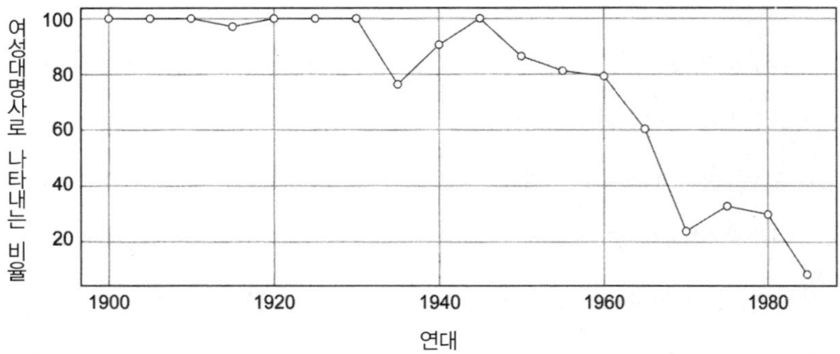

Bauer, *Watching English Change*를 기초로 하여 작성

고대영어의 문법적 성은 중세영어기에 이미 소멸되었기 때문에 영어에서는 '성'의 문제가 없어진 것처럼 여겨졌으나, 사회언어학적인 '성', 다시 말해서 젠더 문제는 지금도 완전히 사라지지 않고 있다.

6.5 왜 단수 they가 쓰이게 되었을까?
— 영어에서의 젠더 문제(2)

6.5.1 3인칭 단수 공성대명사를 찾아서

현대영어에서는 any, each, every, no 등이 수식하는 사람을 나타내는 형태적 단수 명사를 지칭하는 적절한 대명사가 없다. 전통적으로는 he를 사용하여, 예컨대 If anyone is interested in this blog, he can always contact me. 와 같이 나타내는데, 이와 같이 he를 사용하는 것은 남존여비라고 할 수도 있고, 그렇다고 she를 사용하는 것도 그리 탐탁하지는 않은 것 같다. 또 it을 사용하면 짐승 취급하는 것 같아 불편하다. 성이 드러나지 않는 they를 사용하는 방법도 있지만, 전통주의 규범문법가가 주장하는 수 일치 규칙에 저촉된다. 현실적으로는 마지막에 언급한 단수 용법 they가 많은 지지를 받고 있기는 한데, 이 또한 수 일치 문제가 발생하지 않도록 문장을 개선해야 한다는 의견도 있다.

이 they가 보이는 수의 불일치는 영어 대명사 체계가 가지고 있는 문제이다. 영어에서의 해결책은 문제가 되는 어법을 절대 사용하지 않는 회피책을 취하거나 혹은 대명사 체계를 개선하든가 해서 기존 체계 안에서의 운용을 통해 대처할 수밖에 없다.

어쨌거나 어떤 방법으로든 문제를 해결해야 하므로 he와 she 대신 사용할 수 있는 공성대명사가 다양하게 제안되었다. Crystal 등이 제안한 것을 보면 co, E, et, he or she, heesh, hesh, hir, ho, jhe, mon, na, ne, per, person, po, s/he, tey, thon, xe 등 각양각색이다. 어떻게 발음하는지조차 불명확한 예까지 포함해서 여러 대안들이 난립하고 있지만 어느 것이나 그리 적합해 보이지는 않아 아직까지 널리 지지받고 있는 것은 없다(문서에서 가끔 볼 수 있는 s/he도 그리 사랑받고 있는 것 같지 않다). 역시 다소 어려움은 있지만 단수 they가 가장 타당하다고 여겨져서, 최근에는 공적인 자리에서도 일반적으로 사용되며 위화감도 많이 없어졌다. 이미 대세는 정해진 것 같다.

6.5.2 사실은 옛부터 존재했던 단수 they

이렇게 보면 단수 they는 젠더 의식에서 유래한 언어상의 변화로서, 현대적인 화젯거리인 것처럼 여겨질지 모르나, 사실은 그렇지 않다. 2.3절에서 이야기했듯이 이렇게 '현대적'으로 보이기 쉬운 문제는 사실은 현대영어에서 발생한 것이 아니라 오랜 역사를 지니는 경우가 많다. OED에 의하면 그 첫 예는 1526년이다. 여기에서는 호소에(細江)가 제시한 근대영어의 여러 예들을 소개하고자 한다.

1. Let each esteem others better than *themselves*. —Philippians, ii.3.
2. Each was swayed by the emotion within *them*, much as the candle-flame was swayed by the tempest without. —Hardy.
3. Nobody knows what it is to lose a friend till *they* have lost him —Fielding.
4. Everyone must judge of *their* feelings. —Byron.

5. No one in *their* senses could doubt. —Dickens.

each 등이 선행하지 않는 단수명사가 they로 지칭된 예도 있다.

1. The feelings of the parent upon committing the cherished object of *their* cares and affections to the stormy sea of life. —S. Ferrier.
2. A person can't help *their* birth. —Thackeray.

이와 같이 옛부터 단수 they가 사용되었다면, 왜 최근까지 he로 지칭하는 것이 전통적이고 규범적이라고 여겨져 온 것일까?

6.5.3 규범적 he의 인위성

앞에서 기술했듯이 영어사적으로는 단수 they가 이미 근대에서부터 사용되고 있음이 확인되고 있다. 18세기 규범문법가들이 '단수에 대응하는데 어떻게 they를 쓰는가'라는 문제를 제기하면서 비난받기 시작한 것이지, 사실은 규범문법가들이 영향을 미치지 못하는 비표준적 변종이나 구어에서는 현재에 이르기까지 줄곧 사용되어 왔다. 다시 말하면 비표준적 변종에 한해서는 근래 500년 동안 단수 they가 변함없이 사용되어 왔던 것이다. 변함없이 평온한 역사의 마지막 200년 정도에 단수 they를 반대하는 규범문법이 나타나서 공적 영향력을 행사하게 된 것인데, 최근 수십 년 동안에 그 개입 세력이 겨우 쇠퇴하게 된 것이 대략적 흐름이다. 18세기 이후에 성과 상관없이 단수 일반인칭을 he로 나타낼 것인가 아니면 they로 나타낼 것인가에 대하여

(1) 신흥 규범문법 패러다임과 (2) 종래의 비규범문법 패러다임이 서로 대립하게 된 것이다. 전자의 규범문법 페러다임은 인위적이고 의도적인 느낌이 있다.

단수 they에 대한 논의는 여러 가지 있지만 실제로는 이것은 문법적인 문제 이상으로 성에 관한 사회적인 문제라고 생각한다. 이것을 이해하기 위해서는 영어에서 부정 일반 인칭을 기존 인칭대명사로 표현할 경우에 성과 수에 대한 문제가 발생할 수밖에 없는 상황을 염두에 두어야 할 것이다. "If anyone is interested in this blog, (　　) can always contact me."라는 문장에서 if 절의 주어 anyone에 해당되는 인칭대명사를 괄호 안에 넣고자 할 때, 영어의 기존 인칭대명사로서 he, she, he or she, they 등이 후보가 될 수 있다. 그러나 이 중 어느 것도 모두 문법·어법상의 문제가 생겨 완벽한 해결책이 될 수 없다. 단수 인칭대명사 he 또는 she를 택하면 단수 anyone과는 맞지만 성이 정해지지 않은 anyone을 남성 또는 여성으로 정해버리기 때문에 성 문제가 걸리게 된다. he or she(또는 s/he 등의 유사 표현)는 성과 수의 두 문제를 모두 해결할 수 있기는 하나 부자연스럽고 거북한 표현이 되어 버린다. 한편, they는 여성 또는 남성을 명시하지 않는다는 점에서 유리하지만 수의 불일치라는 문제가 남는다. 즉, he와 she는 성 문제를 해결 못하고 he or she는 표현상의 부자연스러움이 문제이고, they는 수의 문제를 풀지 못한다.

여기서 성과 수 중 어느 한 쪽을 존중하면 나머지 한 쪽이 희생되는 상황에서 어떤 선택을 할 것인가의 문제가 발생한다. 이 경우에 어떤 해결책도 똑같은 정도로 타당하다고 할 수 있을까? 얼핏 보면 두 해결책의 질은 같은 것처럼 보이지만 사실은 중요한 차이가 있다. 수는 사회성을 띠지 않지만 성은 사회성을 띠고 있다는 점이다. 단수와 복수의 구별은 원칙적으로 지시대상이 지니는 속성이므로 자연스럽고 이론적인 구분이다. 단수를 복수로 바꾸든 복수를 단수로 바꾸든 사회적인 영향은 별로 없다. 그런데 성은 원칙적으로 지시대상이 되는 사람의 속성이므로 남성을 여성으로 대표하거나 여성을 남성으로 대표하는 것에는 사회적 불균형이나 불평등이 함의된다.

따라서 부정일반인칭을 he로 대표하는 것은 (1) 사회성을 함의하지 않는 수보다도 사회성을 함의하는 성 표시를 선택했다는 것이고, (2) 그 경우에 여성형이 아닌 남성형을 택했다는 것, 이 의도적인 두 가지 선택의 결과인 것이다. 18세기 이래로 규범문법가들은 감히 이 두 가지 불합리한 선택을 함으로써 he 사용을 공공연하게 주장해 온 것이다. 이후 이 견해는 널리 선전되었다. L. 머리의 「영문법」(1795)을 비롯한 규범문법가들은 모두 he를 지지하였고 they 사용을 억제하였다. 그 흐름의 절정이 바로 영국 국회제정법(1850년)이었는데 여기에서 he or she를 he로 대체할 것이 법적으로 언급되었던 것이다.

이와 같은 공적인 해결책 이면에서, 구어에서는 역사상 보통 사용되었던 they가 지속적으로 쓰여 왔다. 이 해결책은 (1) 사회성을 함의하지 않는 수의 엄밀한 구별을 희생하고 (2) 사회성을 함의하는 성을 표시하지 않는 것을 선택한 결과이다. 일반 영어화자는(의도적이냐 아니냐는 별개로) 민중의 지혜로서 단수 they라고 하는 무난한 해결법을 선택한 것이다. 한편, 규범문법가들은 인위적, 의도적이며 부자연스러운 방법(he)에 호소해 왔던 것이다.

현대에도 언어적 규범주의 풍조는 뿌리 깊은데, 외국어로서 영어를 배우는 사람들에게 습득 목표는 표준영어이며, 그것은 거의 규범영어를 의미하는 것이기 때문에 학습과정에서 자신도 모르게 규범주의에 물들고 만다. 그러나 그 규범주의는 앞서 말했듯이 인위적, 의도적이며 부자연스러운 것임을 인식해야 한다. 물론 언어를 배울 때 규범(절대적 정해)이 없으면 곤란한 측면이 있는 것은 당연하고 규범문법의 효용성을 부정할 생각은 없다. 단지 그 정체를 잘 파악해 둘 필요가 있음을 역설하고 싶다. 영어사는 그에 대한 이해를 도와 준다.

부록:

영어사 연표 / 독서안내

영어사 연표

기원전 8000 경	수렵민족이 유럽을 횡단하여 브리튼 제도에 침입
기원전 6500 경	영국 해협의 형성
기원전 3250 경	서 메소포타미아에서 최초의 문자기록이 확인되다
기원전 3000–2000 경	거석문화: 스톤헨지 건립
기원전 2300 경	유럽의 청동기시대
기원전 1000 경	인구제어가 유럽에서 남아시아로 전개: 켈트인, 브리튼 섬에 도래
기원전 1000–500 경	게르만 조어 발생
기원전 300–200 경	'그림의 법칙'에 의한 자음변화 완료
기원전 55–54	율리우스 카이사르, 브리튼섬 정복 실패
43	클라우디우스, 브리튼섬 대부분을 정복
122–126	하드리아누스, 브리튼섬 북부에 장성을 건설
350 경	울필라가 성서를 고트어로 번역
375 경	게르만 민족의 대이동 개시
405 경	라틴어 성경 완성
410	로마군, 브리튼섬으로부터 철수
432	성 패트릭, 아일랜드에서 기독교 포교 개시
449	앵글족, 색슨족, 주트족이 잉글랜드 침입 개시
450	주트족의 수령 헨게스트와 홀사 형제가 켄트로
450–80	고대영어 최고(最古)의 룬문자 비문
563	성 콜룸바, 아이오나 섬에 수도원을 건립하여 노덤브리아에 기독교를 전파
597	성 아우그스티누스가 켄트왕국으로 건너가 기독교 포교를 시작하다
664	위트비 종교회의에서 기독교 2개 파가 화해
680 경	「베올프」성립
700 경	고대영어 최초 사본 성립: 린디스판 수도원에서 라틴어 복음서가 작성됨
731	베다, 「영국교회사」를 라틴어로 집필
750–1050 경	바이킹이 영국 북부와 동부에 침입, 정착
793	바이킹, 린디스판 수도원을 파괴

870s	바이킹, 잉글랜드에 정착
871	알프레드 대왕, 웨섹스 국왕이 되다
871-99	알프레드 대왕 시대에 많은 고대영어 문헌이 만들어지다
879	알프레드 대왕과 데인족에 의한 웨드모어 협정에 따라 데인법 (Danelaw) 지역이 확정
950-1000 경	고대영어 운문집
964	수도원 개혁
990s	알프릭 설교집
991	잉글랜드군, 몰던 전투에서 패배
1016-42	바이킹 왕 카누트가 잉글랜드 국왕으로
1042	에드워드 증성왕, 왕위를 탈환
1066	헤이스팅스 전투: 윌리엄 정복왕에 의한 노르만 정복
1086-7	토지대장 작성
1096	최초의 십자군 파견
1154	고대영어에서부터 지속되던 '피터버러 연대기' 전통이 끊기다
1154	헨리2세 즉위로 노르만조에서 플란타지네트조로
1169-72	잉글랜드의 아일랜드 정복
1204	존왕, 노르만디를 빼앗김
1215	마그나 카르타 성립
1258	영어로 된 헨리 3세의 선언서 (노르만 정복 이래 최초의 공식 영어 문서)
1259-65	제후의 난
1284	잉글랜드에 의한 웨일즈 병합
1330-80 경	런던 방언이 동중부 방언의 영향을 기반으로 표준화의 조짐을 보이다
1337-1453	영불 백년전쟁
1343-1400	제프리 초서의 생애
1348-50	흑사병 유행
1362	최초로 영어로 의회 개회 선언; 재판소의 공적 언어도 영어로
1370-1400	초서의 주요 작품
1380s	위클리프의 영역 성서 (초판)
1381	존 폴과 와트 테일러의 농민 반란
1385 경	영어가 잉글랜드 전역의 학교에서 사용됨

1395 경	위클리프의 영역 성서 (제2판)
1399	노르만 정복 이래, 최초로 영어를 모국어로 하는 헨리 4세 즉위
1400–1700 경	대모음추이
1413	헨리 4세, 국왕으로서 처음으로 영어로 유서를 남김
1422	영어로 된 최초의 왕실문서
1455–85	장미전쟁
1475	윌리엄 캑스턴에 의한 최초의 영어 인쇄물 「트로이 이야기 집성」이 부르주에서 간행
1476	캑스턴, 인쇄소를 웨스트민스터에 설립
1489	프랑스어가 의회에서 사용되지 않게 되다
1492	크리스토퍼 콜럼버스, 서인도제도에 도달
1497	존 가보트, 캐나다 뉴펀들랜드섬에 도달
1500–1650 경	잉글랜드의 르네상스
1525–6	윌리엄 틴들의 영어판 신약성서
1534	헨리 8세, 로마교회와 단절하고 영국 국교회 설립
1535	사상 최초로 활자로 된 영어 완역 성서 커버데일 성서가 국왕의 인가를 받다
1536	잉글랜드와 웨일즈의 연합
1549	영어 기도서 성립
1558–1603	엘리자베스 1세 통치
1564–1616	윌리엄 세익스피어의 생애
1583–1607	미국에 대한 식민통치 시도
1588	영국, 스페인 무적함대를 격퇴
1600	동인도회사 설립
1603	제임스 1세가 잉글랜드와 스코틀랜드 왕위 통일
1604	로버트 코델리의 최초의 영영사전
1607	버지니아 주 제임스타운을 식민지화
1609	카리브해 지역에 최초의 영국 식민지
1611	「흠정역 성서」
1620	필그림 파더스, 메이플라워호로 프리머스에 도착
1623	세익스피어의 퍼스트 폴리오 간행
1639–86	인도에 영국 식민지 건설

1642-49	청교도혁명
1649	찰스 1세 처형; 공화제 성립
1653-58	올리버 크롬웰, 호국경에 취임 (~1658)
1660	왕정복고에 의해 찰스 2세 즉위
1680-89	미국에 최초의 독일인 이민
1688	명예혁명
1707	잉글랜드와 스코틀랜드의 연합에 의해 그레이트 브리튼 성립
1712	조나단 스위프트가 아카데미 설립 요청
1755	사무엘 존슨이 「영어사전」 출판
1762	로버트 라우스가 영문법서 출판
1763	7년전쟁(1756~) 종결에 따라 영국이 캐나다와 미국의 프랑스 식민지를 획득
1765-1947	영국의 인도 통치 시대
1769	제임스 와트가 증기기관을 개량하여 산업혁명이 시작되다
1769-77	캡틴 쿡, 오스트레일리아, 뉴질랜드, 타스마니아를 영국 왕령으로 선언
1775-83	미국 독립전쟁
1786	윌리엄 존스, 인구어 비교언어학의 서막을 열다
1788	오스트레일리아에 최초로 유형식민지가 건설되다
1795	린들리 머리의 영문법서 출판
1800	그레이트 브리튼과 아일랜드의 연합왕국 설립
1803	미국, 루이지애나를 매수
1822	'그림의 법칙' 발견
1828	노아 웹스터, 「미국영어사전」 간행
1837-1901	빅토리아 여왕 통치
1840	뉴질랜드에 영국 식민지가 건설되다
1844	볼티모어와 워싱턴 사이에 전신 개통
1858	「신영어사전」(나중에 「옥스포드 영어사전」) 편집 개시
1861-65	남북전쟁
1875	'베르너의 법칙' 발견 ('그림의 법칙' 수정)
1876	알렉산더 그레엄 벨이 전화 도입
1877	영국령 인도제국 성립 (~1947)
1884	「신영어사전」(나중에 「옥스포드 영어사전」) 간행 개시

1898	미국과 스페인의 전쟁으로 미국이 푸에르토리코와 필리핀을 획득
1899–1902	남아프리카에서 보어 전쟁
1906	라디오 방송 개시
1914–18	제1차세계대전
1922	BBC 성립
1928	「옥스퍼드 영어사전」 완성
1930	C. K. 오그던이 기초영어(Basic English) 제창
1939–45	제2차세계대전
1945	국제연합 설립
1946	세계 최초의 컴퓨터 ENIAC 공개
1950	인도헌법에 의해 영어가 향후 15년간 공용어로
1950s–1960s	미국에서 공민권 운동이 거세지다
1955	영어 비모국어화자 수가 영어 모국어화자보다 많아짐
1960s	남녀평등사회를 지향하는 여성해방운동이 고조됨
1961	「웹스터 신국제영어사전」 제3판 간행
1986	캘리포니아에서 영어 공용어화 법안이 성립
1989	「옥스퍼드 영어사전」 제2판 간행
1990s	인터넷 시대 시작
1993	유럽연합 (EU) 설립
1994	프랑스에서 영어의 공적 사용을 제한하는 '투봉법' 성립
1996–7	오클랜드에서 AAVE ('Ebonics'라고도 한다)에 대한 논쟁
1999	세계인구가 60억을 넘다
2000	「옥스퍼드 영어사전」이 온라인으로
2001	영어 화자 인구가 약 22억에 달하다(일종의 추산)
2011	세계인구가 70억을 넘다

독서안내

이 책을 읽고 영어사라는 분야에 관심을 갖고 더 탐구하기를 원하는 독자를 위하여 간단한 해설을 붙여서 참고문헌을 소개하고자 한다.

처음으로 영어사를 접했다면 교과서적인 통사보다는 영어사에 관한 개론적인 문헌을 권하고 싶다. 그런 문헌을 읽어서 관심을 더 높인 후에 보다 본격적인 통사로 넘어가면 좋겠다. 또한 중급 이상을 목표로 하는 독자들에게는 영어로 쓰여진 문헌을 접하는 것이 절대적으로 필요하다.

Baugh, Albert C. and Thomas Cable. ***A History of the English Language***. 6th ed. London: Routledge, 2013.

영어사의 고전이라 할 수 있다. 특히 외면사에 대한 기술과 해석이 충실하게 되어 있어서 영어사에 대한 흥미를 불러일으키는 명저이다. 우선 가장 권하고 싶은 이 최신판에는 참고문헌도 업데이트되어 있어서 매우 유용하다.

Bradly, Henry. ***The Making of English***. London: Macmillan, 1955.

규모는 작지만 OED 초판 저자 한 사람에 의해 영어사의 진수가 응집되어 있는 책. 번잡한 음성, 음운의 역사를 단호하게 생략하여 내용이 간결하다. 내면사 중심이지만 마지막 장에는 문인들이 사용한 논고가 포함되어 있다. 한 마디 한 마디가 함축적이며 영어사의 여러 문제들에 대해 눈뜨게 해주는 명저 중의 하나.

Jesperson, Otto. ***Growth and Sturcture of the English Language***. 10th ed. Chicago: University of Chicago, 1982.

세계적으로 매우 잘 알려진 영어학자가 쓴 고전적인 통사. 특히 어휘사에 대하여 각별한 관심을 두고 있어서 Baugh and Cable과 함께 읽으면 자세한 외면사, 어휘사를 학습할 수 있다. 독자적인 영어(언어)사관에 주목해 보는 것도 이 책의 감상 포인트.

Crystal, David. ***The Stories of English***. London: Penguin, 2005.

저자는 현재 가장 유명한 응용언어학자 중 하나이며, 이 책은 정보량이 많은 영어사서이다. 영어의 여러 변종의 역사와 현상에 초점을 두고 있으며, 영어(사)에 관한 잡학이 넘친다. 저자의 관심을 반영하여 사회언어학적인 색채가 짙다.

Strang, Barbara M. H. ***A History of English***. London: Methuen, 1970.

구조언어학 입장에서 쓰여진 내면사 중심의 영어사. 현대로부터 과거로 거슬러 올라가는 '소급적 기술'을 시도한 최초의 통사. 현재는 기술 내용이 고루하다고 평가되기도 하지만, 구체적인 예 등의 정보량이 많고 이론적 문제점에 대한 날카로운 지적과 참신한 기술방법은 지금도 충분히 읽을 만한 가치가 있다. 어느 정도 언어학적 기초가 없이는 읽기가 어려우므로 상급자에게 적합하다.

Svartvik, Jan and Geoffrey Leech. ***English: One Tongue, Many Voices***. 2nd ed. Basingstoke: Palgrave Macmillan, 2016.

현대영문법의 대가인 두 사람이 세계어로서의 영어의 구심력과 원심력이라는 문제를 의식하고 쓴 영어사. 현대영어를 이해하기 위한 영어사라는 시각이 강하며, 많은 독자들이 접근하기 쉽다고 생각하는 책.

Fennell, Barbara A. ***A History of English: A Sociolinguistic Approach***. Malden, MA: Blackwell 2001.

부제가 말해 주듯이 사회언어학적 관점으로 본 영어사. 전통적인 영어사 주제를 모두 다루면서도 그것을 새로운 사회언어학적인 시각으로 해석하고 있다. 미해결 상태로 끝낸 주제도 적지 않지만, 근래 발전하고 있는 역사사회언어학이라는 분야에 대한 관심을 발빠르게 반영한 영어사 책이며, 읽기도 수월하다.

Smith, Jeremy J. ***Essentials of Early English: Old, Middle and Early Modern English***. 2nd ed. London: Routledge, 2005.

영어사 통사라기보다는 영어사라는 학문분야에 대한 방법론을 다룬 책으로서, 상급자에게 적합. 영어사상의 몇몇 주제에 대한 해결방법을 다각적으로 제안하고 있다.

Brinton, Laurel J. and Leslie K. Arnovick. ***The English Language: A Linguistic History***. 2nd ed. Oxford: OUP, 2011.

내면사를 중시한 주제별 영어사. 현대언어학의 여러 분야에 대한 견해를 피력하였으며, 언어학적으로 영어사를 배우고자 하는 사람들에게는 필독서.

Gramley, Stephan. ***The History of English: An Introduction***. London: Routledge, 2012.

내면사와 외면사의 균형이 잘 잡혀 있고 그림이 많은 현대적 영어사 교과서.

위에 열거한 문헌 외에도 복수 저자에 의해 공동 집필된 비교적 방대하고 상세한 영어사 책도 출판되어 있다. 이는 독서용이라기보다는 참고용으로 좋을 것이다.

Hogg, Richard M. et al., ed. ***The Cambridge History of the English Language***. 7 vols. 1992-2001.

영어로 쓰인 가장 방대한 종합적 영어사 통사. 참고문헌 표도 매우 상세하다.

기타 영어사에 관한 참고문헌을 소개해 둔다.

Crystal, David. ***The Cambridge Encyclopedia of the English Language***. Cambridge: CUP, 1995. 2nd ed. 2003.

영어백과사전인데, 영어사에 대한 기술도 상세하다. 그림과 예도 풍부.

The Oxford English Dictionary. 3rd ed.(in progress)OED Online. March 2000, John A. Simpson(ed.), 〈www.oed.com〉.

'역사적 원칙'에 따라 쓰여진 사상 최강의 영어사전. 온라인 판도 공개되어 있으며 이 책 없이 영어사를 연구하는 것은 불가능.

맺는 말

왜 영어사를 배우는가?

많은 현대인들에게 있어서 '왜 영어를 배우는가?' 라는 질문에 대한 답변은 너무 자명해서 새삼 물어 볼 필요가 없는 것처럼 여겨지기도 한다. 그러나 나는 이 질문에 대한 대답이 반드시 자명하지는 않으며 각 학습자가 진지하게 생각해 보아야 할 문제라고 생각한다. 그러나 이에 대한 논의는 잠시 접어 두기로 하겠다.

그러면 '왜 영어사를 배우는가?' 라는 질문은 어떤가? 많은 영어 학습자들에게 있어서 이에 대한 답변은 자명하지 않을지도 모르지만, 한 번 깊이 생각해 보기를 바란다. 어떤 사람은 자신이 배우고 있는 언어가 걸어온 역사문화를 배우는 것은 매우 중요할 것이라는 막연한 생각을 할 수도 있다. 또 어떤 사람은 왜 영어가 지금까지 세계에서 널리 사용되는 언어가 되었는지 그 이유를 역사 속에서 찾고 싶다는 명확한 문제의식을 가지고 있을지도 모른다.

내 나름대로 정리한 '영어사를 배우는 의의' 는 다음과 같은 다섯 가지이다.

1. 현대영어의 문법이나 어휘가 배우기 쉬워진다. 지금까지 관련이 없어보였던 현상들이 서로 연결되어 보이게 된다. 불합리·불규칙으로 보이는 현상의 근거를 알게 된다.

2. 영어의 과거를 알게 됨으로써 영어의 현재와 미래를 의식하게 된

다. 따라서 능동적·전략적으로 영어를 배우는 자세를 습득하게 된다.

3. 언어란 통시적으로 변하는(change) 것이며, 지리적, 사회적, 어용적인 요인에 따라 공시적으로도 변하는(vary) 것이라는 점, 즉 '언어의 변화와 다양성'을 인식함에 따라 상대적이고 관용적인 언어관이 형성되어 여유로운 마음으로 영어를 배울 수 있고 또 가르칠 수 있다. 문법이나 어법의 '맞고 틀림'은 어디까지나 상대적 판단임을 인식할 수 있게 된다.

4. 영어의 역사는 하나의 이야기이므로 그 자체로도 재미있다.

5. "역사를 잘 모르는 사람은 그 사람의 인간성의 중요한 한 측면을 결여하고 있는 자다. 역사가 오늘날의 인간을 만들어 낸 것이기 때문에 인간을 이해하기 위해서는 그 과거를 어느 정도 알아야 한다"(Bloomfield and Newmark).

이 책을 읽는 독자들의 대부분이 영어 모국어화자는 아니겠지만 영어화자이기는 할 것이다. 그런 의미에서 모두가 각자 현재와 미래의 영어를 만들어가는 장본인이며, 따라서 그 과거의 모습을 아는 것은 무척 중요한 일이다.

이 책을 쓴 것과 똑같은 방침으로 수 년 동안 대학에서 영어사 강의를 하고 있는데, 수강생들에게 '영어사 강의를 통해 배운 것 중 가장 가치있는 것은 무엇이었나요?'라는 질문에 대해 자유롭게 답변하도록 했다. 이 책의 독자들에게도 참고가 될 것 같아 그 답변들을 열거해 보았다.

- 불규칙한 언어 현상의 배후에 여러 가지 역사적인 요인(언어내적·외적)이 관계하고 있음을 알게 되었다.
- 영어가 어떻게 해서 지금과 같은 형태가 되었는지 중학교나 고등학교에서는 한 번도 배운 적이 없었는데 대학에 와서 처음으로 배우게 되었다.
- 언어는 변화하는 것이며 고정되어 있지 않다는 것을 알게 되었다.
- 언어의 사회적 가치나 유행은 시대와 더불어 변화한다는 것을 알게 되었다.
- 영어의 미래에 대해서 흥미를 가지고 고찰하게 되었다.
- 내면사와 외면사상의 사건들이 서로 얽혀 관계하고 있음을 알고 지식에 대한 욕구가 충족되었으며 영어 학습에 의욕이 더 생겼다.
- 영어사라는 과목명에 얽매이지 않고 세계사 등을 함께 배우는 것이 결과적으로 영어사 학습을 더 깊이 있게 해 주었다.
- 언어에 우열은 없으며 지금 널리 사용되는 언어는 어쩌다가 역사적으로 번영을 맞이하게 되었을 뿐이라는 것을 알게 되었다.
- 영어가 지니는 일종의 정당성·우월성이라는 고정관념, 신화로

부터 눈을 뜨게 되었다.

- 언어의 힘이란 언어 그 자체가 아니라 언어를 사용하는 사람들의 사회적 영향력임을 알게 되었다.
- 영어를 단순한 세계 공통의 도구로서가 아니라 그것을 사용하는 사람들의 생활이나 생각, 그들이 걸어온 길이 이 압축된 것이라고 생각할 수 있게 되었다.
- 영어를 보다 다각적으로, 다면적으로, 시야를 넓혀 바라보게 되었다.
- 당연하다고 여겼던 것들을 깊이 생각해 봄으로써 그 원인이나 배경을 탐구하는 즐거움을 알게 되었다.
- 현재의 모습만을 보고 무엇인가를 유추하는 것은 매우 어렵다는 것을 알게 되었다.
- 시간이 흐르면서 변화해온 영어의 역사를 보면서 더 언어를 소중히 해야겠다고 생각했다.
- 영어를 보는 관점뿐만 아니라 모든 현상을 보는 관점도 달라졌다.

필자는 영어사에 관한 폭넓은 주제를 다루고 있는 '영어사 블로그 ~hellog' (http://user.keio.ac.jp/~rhotta/hellog/) 를 매일 갱신하고 있다. 본서를 통하여 영어사에 관심이 생긴 독자는 그 블로그를 많이 애용해 주기 바란다. 실제로 이 책에서 다룬 소재의 대부분은 블로그에 써 모은 기사를 기초로 하고 있다.

영어사는 영어를 배우는 모든 사람들에게, 그리고 넓은 교양을 지니고 싶어하는 사람들에게 큰 의의가 있을 것으로 확신한다. 특히 영어를 가르치는 사람들에게는 필요불가결한 과목이므로 영어사의 세계에 발을 들여놓기를 바란다.

이 책을 기획할 때 영어사라는 주제로 집필할 것을 강력하게 추진해 주신 켄큐샤 편집부의 츠다씨 및 기획, 편집, 출판의 모든 단계에서 놀랍게도 꼼꼼하고 치밀하게 작업해 주신 편집부의 타카노씨에게 깊이 감사드린다. 타카노씨는 원고상의 실수를 수없이 찾아내어 주시고 내용에 관한 중요한 지적과 제안을 많이 해 주셔서 실제로 그런 점들이 이 책에 반영되고 있다. 이렇게 유능한 편집자들을 만나 이 책을 출판하게 되어 무척 기쁘고 행복하다. 집필 중 늘 변함없이 협력·응원해 준 아내와 아이들에게도 이 기회에 고마움을 전하고 싶다. 이 책에 남아있는 잘못은 모두 필자의 책임임을 밝힌다.

이 책은 Web 상에 컴패니언 사이트가 준비되어 있습니다.
보충자료나 연관 정보 등을 게재하고 있으니 영어사에 흥미가 있는 분들은 많이 방문해 주시기 바랍니다.

컴패니언 사이트 주소
http://www.kenkyusha.co.jp/modules/history_of_english/

역자 후기

오랫동안 대학에서 영어사를 강의해 오면서 늘 마음에서 바라던 바는 학생들에게 조금 더 쉽고 재미있게 영어사를 가르칠 수는 없을까 하는 것이었다. 영어사를 가르치다 보면 영어학 전반 - 음성, 음운, 형태, 통사, 의미, 어휘 등의 제 분야 - 의 발달사뿐만 아니라 영국사 내지는 세계사까지도 섭렵하지 않으면 안 되기 때문에 강의하기도 어려울 뿐만 아니라 공부하는 학생들도 그 내용이 방대하여 학습의 부담이 무척 크다.

그러던 중 우연히 이 책(원제: 「영어의 '왜?'에 답하는 최초의 영어사」)을 발견했을 때 '아, 바로 이거다!' 하고 눈이 번쩍 띄었다. 일반적으로 영어사를 강의하거나 학습할 때에 시대순으로 개관하는 경우가 대부분인데, 이 책에서는 시대순이 아니라 누구나 의구심을 가질 법한 주제를 중심으로 영어가 어떻게 발달해 왔는가를 쉽고 재미있게 풀어나가고 있기 때문이다. 예를 들면, 왜 부정관사는 a와 an의 구분이 있는 것일까? 왜 3인칭 단수 현재를 표시하는 -s 같은 것이 존재하는 것일까? 왜 가정법에서는 현재의 일을 과거형으로 표현하는 것일까? 왜 미국영어와 영국영어가 서로 다른 것일까? 등등. 역자도 학생 시절에 영어를 공부하면서 의아하게 생각했던 문제들이 주제별로 잘 설명이 되어 있으며, 단순히 역사적 변화를 기술하는 데에서 그치지 않고 여러 언어 내적 및 외적 현상들이 서로 어떻게 얽혀서 영향을 주고 받았는지, 또 그런 변화의 배경에는 어떤 역사적 사건들이 있었는지 등에 대하여 자세히 이야기해 주고 있어서 독자로 하여금 마치 재미있는 역사 이야기를 읽는 것 같은 느낌을 갖게 한다.

영어가 세계어로서 그 위상이 높아지면서 많은 사람들이 영어에 관심을 가지게 되었고, 또한 영어를 잘 하고 싶은 욕망도 어느 때보다도 클 것이다. 영어 학습자들이 현재의 영어가 어떻게 형성되어 왔으며 그 결과 어떤 특성을 지니는 언어가 되었는지를 안다면 영어를 보다 더 효율적으로 학습할 수 있을 것이며, 나아가서 영어학습자뿐만 아니라 영어에 관심을 가지고 있는 사람이라면 누구든 일반 교양으로서 한 번쯤 읽어 보는 것도 의미있는 일이 될 것이다.

역자는 번역 작업을 하는 내내 무척 즐겁고 재미있었다. 영어사를 이렇게 재미있게 설명할 수도 있구나 하는 생각을 했고, 또 때로는 무슨 드라마를 보는 듯한 느낌이 들 정도로 영어 역사 이야기를 반전에 반전을 곁들여 재미있고 맛깔스럽게 들려주었기 때문이다. 이 책을 접하게 될 독자들도 역자가 느꼈던 재미를 함께 맛보며 영어사 이야기에 귀기울여 주기를 바란다.

한 가지 부언 할 것은 이 책의 내용 중 한국의 영어 학습자에게 다소 생소하거나 이해하기 어려운 일본어 예나 일본어 관련 내용에 대해서는 원저자의 동의를 얻어 한국어의 예로 바꾸거나 삭제하였다. 그 외에 혹시 있을지도 모르는 번역상의 오류는 모든 역자의 책임임을 밝혀둔다.

대학에서 강의한 오랜 세월 중 누리게 된 마지막 연구년을 보내기 위해 한국과 미국을 오가며 번역 작업을 하였다. 번역이라는 것이 쉬운 작업은 아니지만 책 내용도 재미있고 또 귀하게 얻은 연구년이었기에 즐겁고 기쁜 마음으로 해낼 수 있었다. 마지막 연구년을 뜻깊게 보낼 수 있게 해준 목원대학교에 진심으로 감사하며, 이 책을 내기까지 늘 곁에서 지켜봐 주고 격려해 준 가족에게 고마움을 전하고 싶다. 또한 바쁜 일 제치고 기꺼이 교정작업을 도와준 제자 주대환 박사에게도 깊은 감사의 마음을 전한다.

참고 문헌

- Aitchison, Jean. *Language Change: Progress or Decay.* 3rd ed. Cambridge: CUP, 2001.
- Algeo, John. Vocabulary. *The Cambridge History of the English Language.* Vol. 4. Cambridge: CUP, 1998. 57-91.
- Bailey, Guy, Natalie Maynor, and Patricia Cukor-Avila. "Variation in Subject-Verb Concord in Early Modern English." *Language Variation and Change* 1(1989): 285-300.
- Bauer, Laurie. Wat*ching English Change: An Introduction to the Study of Linguistic Change in Standard Englishes in the Twentieth Century. Harlow: Longman, 1994.*
- Baum, S. V. "From 'Awol' to 'Veep' : The Growth and Specialization of the Acronym." *American Speech* 30 (1955): 103-10.
- Bloomfield, M. and L. Newmark. *A Linguistic Introduction to the History of English.* New York: Knopf, 1963.
- Bradley, Henry. *The Making of English.* New York: Dover, 2006. New York: Macmillan, 1904.
- Brinton, Laurel J. and Leslie K. Arnovick. *The English Language: A Linguistic History.* Oxford: OUP, 2006.
- Bryson, Bill. *Mother Tongue: The Story of the English Language.* London: Penguin, 1990.
- Cannon, Garland. *Historical Change and English Word-Formation.* New York: Peter Lang, 1987.
- Carstairs-McCarthy, Andrew. *An Introduction to English Morphology: Words and Their Structure.* Edinburgh: Edinburgh UP, 2002. 134.
- *Crystal, David. The Cambridge Encyclopedia of the English Language. 2nd ed. Cambridge: CUP, 2003.*

- Fries, Charles C. "On the Development of the Structural Use of Word-Order in Modern English." *Language* 16 (1940): 199-208.
- Görlach, Manfred. "Colonial Lag? The Alleged Conservative Character of American English and Other 'Colonial' Varieties." *English World-Wide* 8 (1987): 41-60.
- Hockett, Charles F. "The Terminology of Historical Linguistics." *Studies in Linguistics* 12 (1957): 57-73.
- Hogg, Richard M. and R. D. Fulk. *A Grammar of Old English.* Vol. 2. Morphology. Malden, MA: Wiley-Blackwell, 2011.
- Hotta, Ryuichi. *The Development of the Nominal Plural Forms in Early Middle English.* Tokyo: Hituzi Syobo, 2009.
- Hotta, Ryuichi. "The Diatonic Stress Shift in Modern English" *Studies in Modern English* 29 (2013): 1-20.
- Hudson, R. A. *Sociolinguistics.* 2nd ed. Cambridge: CUP, 1996.
- Jespersen, Otto. *Growth and Structure of the English Language.* 10th ed. Chicago: U of Chicago P, 1982.
- Krapp, George Philip. *The English Language in America.* 2 vols. New York: Century, 1925.
- Mencken, H. L. *The American Language: An Inquiry into the Development of English in the United States.* One vol. ed. Ed. R. I. McDavid, Jr. New York: Knopf, 1977.
- Menner, Robert J. "The Conflict of Homonyms in English." *Language* 12 (1936): 229-44.
- Montgomery, Michael. "In the Appalachians They Speak like Shakespeare." *Language Myths.* Ed. Laurie Bauer and Peter Trudgill. London: Penguin, 1998. 66-76.
- Mustanoja, T. F. *A Middle English Syntax.* Helsinki: Société Néophilologique, 1960.
- Nevalainen, Terttu. "Aspects of Adverbial Change in Early Modern

English." *Studies in Early Modern English.* Ed. Dieter Kastovsky. Mouton de Gruyter, 1994. 243-59.

- Prokosch, Eduard. *A Comparative Germanic Grammar.* Philadelphia: Linguistic Society of America,1939.
- Quirk, Randolph, Sidney Greenbaum, Geoffrey Leech, and Jan Svartvik. A *Comprehensive Grammar of the English Language*. London: Longman, 1985.
- Rissanen, Matti. Syntax. *The Cambridge History of the English Language.* Vol. 3. Cambridge: CUP, 1999. 187-331.
- Samuels, M. L. *Linguistic Evolution with Special Reference to English*. London: CUP, 1972.
- Schneider, Edgar W. "The Origin of the Verbal -s in Black English." *American Speech* 58(1983): 99-113.
- Sherman, D. "Noun-Verb Stress Alternation: An Example of the Lexical Diffusion of Sound Change in English." *Linguistics* 159 (1975): 43-71.
- Strang, Barbara M. H. *A History of English.* London: Methuen, 1970.
- Trudgill, Peter. *The Dialects of England.* 2nd ed. Oxford: Blackwell, 2000.
- Visser, F. Th. *An Historical Syntax of the English Language.* 3 vols. Leiden: Brill, 1963-73.
- Zink, Gaston. *Le moyen francis (XIVe et XVe siécles).* Paris: Presses Universitaires de France, 1990.
- 荒木一雄, 宇賀治正朋『英語史IIIA』英語学大系第10巻1, 大修館書店, 1984年.
- 安藤貞雄『英語史入門——現代英文法のルーツを探る』開拓社, 2002年.
- 岩崎春雄『英語史』第3版, 慶應義塾大学通信教育部, 2013年.
- 中尾俊夫, 寺島廸子『図説英語史入門』大修館書店, 1988年.
- シャルル・ブリュッケル著, 内海利朗訳『語源学』白水社〈文庫クセジュ〉, 1997年.

- 細江逸記『英文法汎論』第3版, 泰文堂, 1926年.
- 松瀬憲司「*May* the Force Be with You! ――英語のmay祈願文について」『熊本大学教育学 部紀要』64巻, 2015年. 77-84頁.
- 安井稔・久保田正人『知っておきたい英語の歴史』開拓社, 2014年.
- 若田部博哉『英語史IIIB』英語学大系第10巻2,大修館書店, 1985年.

찾아보기

ㅂ

ㅅ

ㅇ

ㅈ

ㅊ

ㅋ

ㅌ

저자 소개

홋타 류이치(堀田隆一)

케이오대학 문학부 교수(영미문학 전공).

영국 글래스고 대학 영어학연구과 박사과정 수료(Ph.D. 취득).

전공은 영어사, 역사언어학

일본영문학회 제25회 신인상 가작 수상(2002년),

일본 중세영어영문학회 松浪장려상 가작 수상(2010년),

근대영어협회 우수학술장려상 수상(2013년).

저서로는 「英語史で解きほぐす英語の誤解」[영어사로 풀어보는 영어의 오해](추오(中央)대학 출판부, 2011년) 등이 있다.

'hellog~영어사 블로그'(http://user.keio.ac.jp/~rhotta/hellog/)를 매일 갱신중.

역자 소개

최경애

목원대학교 인문대학 영어영문학과 교수.

이화여자대학교 영어영문학과 졸업,

동대학원 석사과정 및 박사과정 졸업, 문학박사.

전공은 음성학, 음운론

University of Arizona 언어학과 방문교수(2003).

University of Arizona 아시아학과 방문교수(2010).

초등, 중등학교를 일본에서 수학.

저서로는 「영어음성학의 이해」(2018)(최경애, 박미숙 저), 「영어형태론」(2009)(최경애 외 5인), 「쉽게 배우는 영어음성학」(2007)(최경애, 박미숙 저), 「대학생을 위한 영어발음연습」(1998)(최경애 저)이 있고

역서로는 「일본어의 음성」(2003)(구보조노 하루오 저)이 있다.

기타 음성, 음운 관련 연구 논문 20여 편.

속속들이 파헤치는 **영어 이야기**

- 영어의 궁금증을 시원하게 풀어주는 최초의 영어사 -

초판 1쇄 발행 _ 2020년 3월 31일

역 자 • 최 경 애
발 행 인 • 정 현 걸
발 행 • 신 아 사
인 쇄 • 한승인쇄
출판등록 • 1956년 1월 5일 (제9-52호)
주 소 • 서울특별시 은평구 통일로 59길 4 2F
전 화 • 02) 382-6411 · 팩스 02) 382-6401
홈페이지 • www.shinasa.co.kr
E-MAIL • shinasa@daum.net

ISBN 978-89-8396-392-5(93740)
저자와의 협의로 인지를 생략합니다.

정가 15,000원